帮助父母聪明应答孩子的122个怪问题

父母妙答
好孩子的怪问题

FUMUMIAODA
HAOHAIZIDEGUAIWENTI

西西/著

了解孩子的**思维方式** 弄清孩子**想知道什么** 用孩子**理解的话**回答

江西科学技术出版社

图书在版编目（CIP）数据

父母妙答：好孩子的怪问题/西西著. —南昌：江西科学技术出版社，2010.2
ISBN 978-7-5390-3671-7
Ⅰ.①父… Ⅱ.①西… Ⅲ.①家庭教育 Ⅳ.①G78
中国版本图书馆 CIP 数据核字（2010）第 008054 号

国际互联网（Internet）地址：http://www.jxkjcbs.com
选题序号：ZK2009169
图书代码：D09062-101

父母妙答：好孩子的怪问题 著 西西

责任编辑	邓玉琼
出版发行	江西科学技术出版社
社　　址	南昌市蓼洲街2号附1号
	邮编：330009　电话：（0791）6623491　6639342（传真）
经　　销	各地新华书店
印　　刷	北京龙跃印务有限公司
版　　次	2015年11月第2版第2次印刷
开　　本	850mm×1168mm　1/16
印　　张	17
字　　数	230千字
书　　号	ISBN 978-7-5390-3671-7
定　　价	33.80元

（赣科版图书凡属印装错误，可向承印厂调换）

一个怪问题，点亮孩子智慧人生

我的手很小，无论什么时候，请不要要求我十全十美；
我的眼睛不像你那样见多识广，请和我慢慢观察这个世界。
……
你的粗心会扼杀宝宝的好奇心吗？

好奇的宝宝常会问爸爸妈妈"树叶为什么是绿色"这些在成人看来幼稚可笑的问题。有的爸爸妈妈就以"忙着呢，没时间和你说这些"、"长大了你会明白"等来敷衍宝宝，正是这种普遍但是粗心的做法挫伤了宝宝提问的积极性。如果此时再加以取笑，宝宝更会感到以后不应再提这些问题，因为这显得很傻。

宝宝还会问很多"很有科技含量"的问题，如"电脑为什么会放出图像和声音"之类的问题，有些爸爸妈妈感到不好回答，但顾及颜面，就想方设法，粗暴搪塞："你只要会用就行了，不用问那么多。"这样的态度传达给宝宝一个观念：这些问题没价值。或许，一个优秀的机械师就这样夭折了。

好奇心是宝宝创造力和想象力的起点，是宝宝强烈要求认识世界的表现，是其智慧人生的开始。宝宝的生活里到处充满着好奇，宝宝在这些千奇百怪的想象里成长着。爸爸妈妈应该善待宝宝的好奇心，不可扼杀宝宝的好奇心。

本书就是一本专门回答宝宝各种怪问题的书，书内不只提供参考答案，更主要的是，笔者和家长朋友们一起来探索，寻找到最佳的、最适合宝宝的方式。我们相信，有时候学到方法比获得答案本身更重要！

父母妙答：好孩子的怪问题

本书告诉家长朋友们，点亮宝宝智慧人生，您们可以这样做：回答未必正确，态度必须诚恳。

对宝宝的问题，爸爸妈妈是否有一个标准答案并不重要，重要的是回答的态度能否引导和满足他的好奇心。所以宝宝提问时，爸爸妈妈不懂时不要轻易作答，更不要随口否定，正确的方式是对宝宝说："你觉得呢？我想听听你的看法。"简短数语，就会激发宝宝用心去思索和探讨，从而增强宝宝思考问题的能力。

你家里有故事大师吗？

好的家长必定缺少不了各种美丽的故事，而很多家长在孩子的促使下成为优秀的故事大师，每天可以给孩子讲述很多故事。故事是一种口语化的文学语言，习惯听故事可以丰富宝宝的知识，还可以起到增强注意力、丰富想象力、激发求知欲的作用。通过故事，把孩子的问题融合进去，在故事中寻求答案。故事说一半，让宝宝自己编结尾；玩猜谜游戏，给宝宝一些线索，引导宝宝不断发问，直到问出故事的结局。如果你发现孩子创造了一个独特而美丽的结局，千万不要大惊小怪，因为你有一个故事大师！

创造更多试验模拟的游戏机会。

好奇心和爱玩是孩子的天性。他们就是通过玩了解世界，在游戏中成长起来的。根据宝宝好玩、爱动的特点，让他们充分利用手边的玩具，自己观察、自己动手。如，宝宝自己用玩具火车模拟火车运行，上车、下车、检票等。模拟游戏让宝宝在玩乐中获取知识。还可以让宝宝自由设计游戏规则等。

塑造良好的求知环境。

当这个新奇的世界逐渐展现在宝宝面前时，爸爸妈妈要提倡孩子自己去咬咬、看看、听听、闻闻、尝尝、摸摸，对宝宝的各种探索活动给予鼓励，不要过多干涉，但是一定要细心观察，及时捕捉宝宝在动作过程中闪现的亮点，启发宝宝去寻找答案。

如宝宝在开玩具车时，问到为什么轮子是圆的。这是个不错的问题。爸爸妈妈可以做出一个方块形状的轮子，让宝宝自己体会方形轮子的结果是什么。这样不但满足和鼓励了宝宝的求知欲，也帮助孩子在自己的活动中学习了知识和处理疑问的方式。

乐意做孩子的学生。

　　家长是需要和孩子一起成长的。如果宝宝突然向你发问，要考考你，尽管是再简单不过的问题，你也一定要认真思考应对，因为宝宝正在成长，需要爸爸妈妈给予的信心和鼓励。即使真的被难住，也应告诉孩子，爸爸妈妈也有不知道的问题。孩子和家长在互相考问的过程中，爸爸妈妈和宝宝的眼界都将得以扩展，知识得以丰富。对宝宝来说，这种活动就是一个可爱的游戏，既能满足他的求知欲，又有机会和爸爸妈妈就共同话题进行交流。

　　好奇心是孩子心智发展的关键动力。因为好奇，孩子逐渐接触新鲜事物而变得聪明，因为敢于向陌生事物挑战而走向成熟。而我们家长所能做的就是：宽容，细心，提醒，和孩子一起成长。这也是我写本书的目的：希望我们的家长能在孩子的提问中与孩子共同成长。

作者西西
于北京/丰台

目录

一 孩子对生活常识的提问

1. 爸爸妈妈为什么要上班? …………………………………………（1）
2. 为什么要多喝水少喝饮料? ………………………………………（2）
3. 妈妈你上班会想我吗? ……………………………………………（4）
4. 姥姥什么时候到我们家来? ………………………………………（5）
5. 为什么去很远的地方要坐车? ……………………………………（6）
6. 为什么不能把水倒到地板上? ……………………………………（8）
7. 脏东西为什么要放到垃圾桶里? …………………………………（9）
8. 买东西为什么要交钱? ……………………………………………（11）
9. 为什么书坏了要粘好? ……………………………………………（12）
10. 水果为什么不用煮就可以吃? ……………………………………（14）
11. 为什么人们要养狗? ………………………………………………（15）
12. 为什么要跟别人打招呼? …………………………………………（17）
13. 地铁都是走地下吗? ………………………………………………（18）
14. 我为什么不要买票? ………………………………………………（20）
15. 钱可以干什么? ……………………………………………………（21）
16. 为什么要先关电源再拔插销? ……………………………………（22）
17. 下雨时为什么要打伞? ……………………………………………（24）
18. 太阳为什么可以让我们温暖? ……………………………………（25）
19. 为什么电视没有嘴巴也能说话? …………………………………（27）

20. 为什么车要有方向盘? ………………………………… (28)
21. 为什么水往低处流? …………………………………… (29)
22. 碗为什么会打碎? ……………………………………… (31)
23. 为什么米可以变成饭? ………………………………… (32)

二 孩子对规律作息的提问

1. 为什么晚上要睡觉? …………………………………… (34)
2. 为什么早上要起床? …………………………………… (35)
3. 为什么每天都要吃饭? ………………………………… (36)
4. 为什么要睡午觉? ……………………………………… (38)
5. 超市晚上为什么要关门? ……………………………… (39)
6. 吃饭时间为什么不能玩? ……………………………… (40)
7. 为什么要在早上锻炼? ………………………………… (42)
8. 为什么不能老看电视? ………………………………… (43)
9. 为什么不能一直玩到天亮? …………………………… (45)

三 孩子对卫生习惯的提问

1. 为什么要洗手? ………………………………………… (47)
2. 头发为什么会脏? ……………………………………… (48)
3. 痰为什么不能吐到地上? ……………………………… (50)
4. 夏天为什么要天天洗澡? ……………………………… (51)
5. 为什么每天都要刷牙? ………………………………… (53)
6. 为什么每天都要洗脸? ………………………………… (54)
7. 为什么上完厕所要擦屁股? …………………………… (55)
8. 指甲可以不剪吗? ……………………………………… (57)
9. 为什么要换衣服? ……………………………………… (58)
10. 鞋子为什么要刷干净? ………………………………… (59)

目 录

四　孩子在餐桌上的提问

1. 人为什么要吃饭？ …………………………………………… (61)
2. 为什么吃饭时不能大笑？ …………………………………… (62)
3. 为什么鱼肉会有刺？ ………………………………………… (63)
4. 为什么你们用筷子我用勺子？ ……………………………… (65)
5. 为什么不能用手抓菜？ ……………………………………… (66)
6. 米饭是怎么来的？ …………………………………………… (68)
7. 我不想吃肉，行吗？ ………………………………………… (69)
8. 我吃不了那么多饭怎么办呢？ ……………………………… (70)
9. 为什么爸爸能吃辣椒而我不敢呢？ ………………………… (72)
10. 我边吃饭边看电视可以吗？ ………………………………… (73)
11. 我玩会儿再吃饭好吗？ ……………………………………… (74)
12. 我不吃饭，行吗？ …………………………………………… (75)

五　孩子对日常交往的提问

1. 我的玩具为什么要给他玩？ ………………………………… (77)
2. 弟弟为什么要来我家？ ……………………………………… (78)
3. 我不知道怎么跟小朋友们玩怎么办？ ……………………… (80)
4. 小朋友抢了我的玩具怎么办？ ……………………………… (82)
5. 我好想玩那个小朋友的玩具，可是他不肯怎么办？ ……… (83)
6. 为什么要向人问好？ ………………………………………… (85)
7. 好朋友分开就不会再见面了吗？ …………………………… (86)
8. 我不是每个周末都要去姥姥家吗？ ………………………… (87)
9. 那个阿姨为什么老亲我？ …………………………………… (89)
10. 为什么要握手？ ……………………………………………… (90)
11. 为什么要告诉别人你干什么去了？ ………………………… (91)

· 3 ·

六 孩子对劳动的提问

1. 水果留给我洗，好吗? ……………………………… (93)
2. 为什么马路要有人扫? ……………………………… (94)
3. 我们的房子是谁建的? ……………………………… (95)
4. 妈妈，我可以开公交车吗? ………………………… (96)
5. 电梯为什么要有人开? ……………………………… (98)
6. 公园的草坪为什么要割? …………………………… (99)
7. 飞机有司机开吗? …………………………………… (100)
8. 为什么下雨天马路也要洒水? ……………………… (101)
9. 农民伯伯为什么要种地? …………………………… (103)

七 孩子对身体的提问

1. 我从哪里来? ………………………………………… (105)
2. 为什么爸爸有胡子? ………………………………… (106)
3. 为什么女孩子蹲着嘘嘘而我不是这样? …………… (108)
4. 为什么指甲会长长? ………………………………… (109)
5. 为什么奶奶会长皱纹? ……………………………… (110)
6. 人为什么要穿衣服? ………………………………… (112)
7. 人为什么不能飞? …………………………………… (113)
8. 为什么我不能穿裙子? ……………………………… (114)
9. 为什么只有女孩子才能生宝宝? …………………… (115)
10. 为什么爸爸的胳肢窝会长"头发"? ……………… (116)

八 反映孩子身心的提问

1. 我怕黑暗怎么办? …………………………………… (118)
2. 我肯定过不去的对吗? ……………………………… (119)
3. 妈妈，你跟我一起来玩好吗? ……………………… (120)
4. 妈妈，你能陪我睡吗? ……………………………… (122)

5. 妈妈，我要一套星球大战人物玩偶，给我买好吗？……（123）
6. 水果为什么要先给爷爷、奶奶？……（125）
7. 为什么要给奶奶让座？……（126）
8. 为什么不能说假话？……（127）
9. 为什么不要跟姐姐抢东西？……（129）
10. 我不收拾玩具行吗？……（130）
11. 我唱得不好怎么办？……（132）
12. 我好怕刮风怎么办？……（133）

九 孩子对交通知识的提问

1. 看到红灯为什么要停？……（135）
2. 为什么车要靠右边行驶？……（136）
3. 上高速为什么要领卡？……（138）
4. 120 为什么可以走应急车道？……（139）
5. 为什么不能占用盲道？……（140）
6. 飞机为什么要在滑行道与跑道交界处等待？……（142）
7. 为什么车要停在停车场？……（143）
8. 为什么火车要在铁轨上走？……（144）
9. 为什么要走斑马线呢？……（146）
10. 禁停区为什么不能停车？……（147）
11. 为什么要各行其道？……（148）

十 孩子对公共秩序的提问

1. 去银行办事为什么要排队？……（150）
2. 为什么要站在自动扶梯的右边？……（151）
3. 为什么坐车要刷卡？……（153）
4. 为什么有人给我们让座？……（154）
5. 音乐厅里为什么不能说话？……（155）

十一　孩子对反面事件的提问

1. 他们为什么要吵架? ……………………………………………（157）
2. 姥爷为什么要骗我? ……………………………………………（158）
3. 为什么不能像他们一样骂人? …………………………………（160）
4. 汽车为什么会追尾? ……………………………………………（161）
5. 为什么那位叔叔要打他的孩子? ………………………………（162）
6. 为什么小偷要偷我们的车? ……………………………………（164）
7. 为什么他们要踩公司的草啊? …………………………………（165）

十二　孩子对幼儿园的提问

1. 我为什么要上幼儿园? …………………………………………（167）
2. 我不要上幼儿园，好吗? ………………………………………（168）
3. 为什么妈妈不跟我一起上幼儿园? ……………………………（170）
4. 我不认识幼儿园的小朋友，怎么办? …………………………（171）
5. 我什么时候就不用上幼儿园了? ………………………………（172）
6. 在幼儿园，我口渴了怎么办? …………………………………（174）
7. 小朋友打我怎么办? ……………………………………………（175）
8. 我不想在幼儿园睡午觉，行吗? ………………………………（176）
9. 我不想吃幼儿园的饭怎么办? …………………………………（177）
10. 为什么在幼儿园要自己一个人睡觉? ………………………（179）
11. 老师批评我了，她是不是不喜欢我了? ……………………（180）
12. 我尿湿了裤子，老师会取笑我吗? …………………………（181）

十三　孩子对零食的提问

1. 为什么刚吃完药不要吃水果? …………………………………（183）
2. 为什么睡觉前不能吃糖? ………………………………………（184）
3. 西瓜好吃吗? ……………………………………………………（185）
4. 荔枝为什么要剥壳才能吃? ……………………………………（186）

5. 为什么水果要被人吃掉? ……………………………………（188）
6. 为什么要少吃零食? ……………………………………（189）

十四 孩子对自然的提问

1. 太阳为什么会发光? ……………………………………（191）
2. 天为什么要下雨? ………………………………………（192）
3. 为什么会刮风? …………………………………………（193）
4. 为什么风会把树刮到天上? ……………………………（195）
5. 雪为什么是白色的? ……………………………………（196）
6. 为什么先看到闪电后听到雷声? ………………………（198）
7. 天上为什么会有云? ……………………………………（199）
8. 为什么会下冰雹? ………………………………………（201）
9. 为什么会地震呀? ………………………………………（202）

十五 孩子对动物的提问

1. 人为什么要养猫? ………………………………………（204）
2. 为什么鱼会长鳞呢? ……………………………………（206）
3. 猫为什么喜欢抓老鼠? …………………………………（207）
4. 鸡为什么会下蛋? ………………………………………（208）
5. 鱼为什么要被人吃掉? …………………………………（209）
6. 为什么公鹿会长角而母鹿不长角? ……………………（211）
7. 蛇为什么没有脚却能爬? ………………………………（212）

十六 孩子对无意犯错的提问

1. 什么是偷东西? …………………………………………（214）
2. 为什么不能打架? ………………………………………（216）
3. 为什么不能抢玩具? ……………………………………（217）
4. 为什么不可以说脏话? …………………………………（219）

5. 什么是撒谎? ·· (220)
6. 为什么不能在马路上玩球? ································ (222)
7. 为什么不能按邻居家的门铃玩? ··························· (223)
8. 为什么不能摘花? ··· (224)
9. 为什么不能玩打火机? ······································· (226)
10. 为什么不能拨110玩? ····································· (227)
11. 为什么不能打断别人说话? ······························· (228)

十七 孩子对自理的提问

1. 我为什么要穿衣服? ··· (231)
2. 我的鞋子穿反了吗? ··· (233)
3. 我还不会用筷子怎么办? ···································· (235)
4. 我的书怎么那么乱? ··· (236)
5. 玩具车的轮子坏了怎么办? ································ (238)
6. 为什么自己的事情要自己做? ····························· (239)
7. 妈妈,你喂我吃饭好吗? ···································· (240)
8. 我累了,妈妈抱我好吗? ···································· (242)

十八 孩子对医院的提问

1. 我为什么要打针? ··· (244)
2. 药那么苦,我可以不吃吗? ································· (245)
3. 为什么看病要挂号? ··· (247)
4. 医生脖子上挂的是什么? ···································· (248)
5. 医生为什么要穿白大褂戴口罩? ·························· (250)
6. 为什么要抽血? ·· (251)
7. 输液后为什么要按住针口3分钟? ······················· (252)
8. 为什么要量体温? ··· (253)
9. 咳嗽为什么不能吃糖? ······································· (255)
10. 发烧为什么要多喝水? ····································· (256)

一 孩子对生活常识的提问

1 "爸爸妈妈为什么要上班？"

情景再现 早上，当爸爸妈妈要到公司上班的时候，4岁的鑫鑫问道："为什么爸爸妈妈要到公司去上班呢？"

常见的回答 鑫鑫妈回答："爸爸妈妈要赚钱，给你买好吃的、好玩的呀。"

专家分析

孩子问这个问题，最主要的原因是对父母的依恋情绪，不愿意和父母分开。所以父母在回答孩子这个问题的时候，要理解孩子的情感需要。同时，也要从积极的方面去引导孩子，让孩子对工作有正确的看法。

常见的回答可能会让孩子在这个问题上产生更多的疑问。比如说："我不要你们买很多东西给我了，好吃的等我吃完了再买，好玩的我已经有了。"当然，上班赚钱养孩子固然是一个重要原因，但并不是唯一的原因。如果只是这样片面回答很可能会让孩子觉得，父母去上班都是因为孩子造成的，从而会使孩子产生自责心理。所以，父母首先要体会孩子的情感需求，进而把这个问题的理解往更高一个层次的积极的方向引导。

消极的回答 "我们要走了，你自己玩吧！""我们急着赶车，别说了！"

父母妙答：好孩子的怪问题

合理的回答　"你不想爸爸妈妈去上班是吧？我们也会很想你的。爸爸妈妈特别喜欢自己的工作呀，我们都喜欢到公司去上班。下班后爸爸妈妈就回来陪你玩！"

举一反三

引导思考型——"宝贝儿，爸爸妈妈也很舍不得离开你。可是如果爸爸不去上班，那些偷东西的坏蛋没人抓，出来捣乱怎么办？妈妈的工作是帮助穷苦的人们，如果妈妈不去上班，那些人很可怜，没饭吃、没衣穿怎么办？"

快乐承诺型——"宝贝儿，你想要爸爸妈妈陪你玩是吧？等下班后，爸爸妈妈就立刻回来陪你玩捉迷藏的游戏。"

温情传递型——抱着孩子说："宝贝儿，爸爸妈妈即使看不见你，在上班的时候也会想你！"

温馨提示

孩子个性不同，能够接受的话语也不一样。父母可以根据自己以往的成功经验，作出最能让孩子接受的回答。

2 "为什么要多喝水少喝饮料？"

情景再现　3岁的西西玩了很久，直到姥姥喊她吃饭才停下来。西西觉得有点渴了，立刻去拿了一瓶饮料准备喝。西西妈妈连忙给西西换成了一杯白开水，并告诉西西要少喝饮料多喝水。西西好奇地问："妈妈，为什么要多喝水少喝饮料呢？"

常见的回答　"因为喝饮料对身体不好！喝水对身体好！"

专家分析

孩子提出这个问题，是因为孩子想要喝带甜味的饮料，而不想喝没有什么味道的白开水。对孩子来说,甜甜的饮料可比平淡无味的白开水好喝上千倍!

每个孩子都有自己的喜好,大部分孩子都会喜欢带有甜味的饮料。如果自己的喜好被家长否定,孩子出现不解、沮丧的情绪就在所难免了。常见的回答否定了孩子的喜好,容易引起孩子的反抗情绪,并且将进一步发问:"为什么喝水就对身体好,喝饮料就对身体不好?电视里的广告不都说饮料有营养吗?……"所以,家长要理解孩子的喜好,在不排斥孩子喜好的同时,给孩子最适合的水分供给。

消极的回答 "问那么多干吗?给你什么就喝什么吧!赶快给我喝!"
"喝饮料就是没有喝水好!这个谁都知道,你怎么就那么多问题呢!"

合理的回答 "宝贝儿,妈妈知道你喜欢喝饮料,妈妈小时候也一样喜欢喝饮料。我们就快要吃饭了,喝了饮料就吃不下饭了,这样你身体需要的营养就得不到了,怎么能长妈妈这么高呢?我们先喝水,吃完饭之后过半小时,你还渴的话,再给你喝饮料吧!"

举一反三

逻辑思考型——"宝贝儿,你喝完饮料之后,是不是会感觉肚子饱饱的?那样的话,你还能吃得下一整碗饭和菜吗?不吃饭菜怎么能长高呢?"

快乐承诺型——"宝贝儿,你现在先喝水。等吃过饭后,你渴了的话,妈妈再给你倒饮料吧!"

转移注意型——抱着孩子说:"宝贝儿,快喝水,我们就可以吃饭啰!今天妈妈给你做了你最心爱的菜哟!你猜猜是什么菜呢?"

温馨提示

对孩子这样的问题,最好不要在哪种水分补给最好的问题上着重阐述。2~6岁的孩子,要理解营养学还不是那么容易。根据孩子的性格和接受能力,用简单的方法解决复杂的问题才是合适的办法。

3 "妈妈你上班会想我吗?"

情景再现 周日的晚上,玲玲听完睡前故事,准备睡觉的当儿,问收拾故事书准备离开房间的妈妈:"妈妈,你明天就要上班了,上班的时候你会想我吗?"

常见的回答 "我上班那么忙,怎么会有时间想你呢。"

专家分析

孩子所以问出这个问题,缘于孩子对父母正常的依恋情绪。正常的依恋情绪是孩子心理健康的标志。和家长分离,孩子多少会有些分离焦虑感。孩子提出这个问题,说明孩子开始能够表达自己的情绪了,懂得自己的情感需求了。这个时候,要多鼓励孩子表达自己的情绪,对孩子的情绪表示理解,孩子适当的要求也尽力予以满足。这样既能满足孩子的情绪,又能促进亲子交流。

常见的回答会挫伤孩子的依恋情绪,让孩子觉得想念妈妈不是正确的事情。比较内向的孩子还会产生自责心理,以后有这方面的情感需求,也不会跟家长说了。

消极的回答 "想什么呀,忙得要死。都是为了你才这么忙的!还不快睡觉!"

"要睡觉了,胡说什么呢!乖乖地闭嘴睡觉吧!"

合理的回答 "当然会想你啦!宝贝儿,无论妈妈到哪里,都会想你的。就是晚上睡觉,梦里也会梦到你呢!你试试看,做梦会不会梦见妈妈?要睡着才能做梦哟!"

举一反三

爱心满满型——"宝贝儿,妈妈最爱你啦,你觉得妈妈会不会想你呢?你

一 孩子对生活常识的提问

是妈妈的心肝宝贝儿,无论妈妈在不在你身边,妈妈都会想你。乖宝贝儿,安心睡觉吧,妈妈在旁边陪着你。"

理智引导型——"宝贝儿,妈妈满心里想的都是你哟!上班的时候看不到你,就更想你啦。宝贝儿一定要好好保护自己,不要让妈妈担心哟!睡觉时不要把冷空气包在被子里面,这样就不会感冒了,对不对?"

温情款款型——亲一下孩子说:"宝贝儿,妈妈在哪里都会想你!你好好睡觉吧,妈妈陪着你。"

温馨提示

满足孩子的情感需要,让孩子意识到,跟妈妈说这些话,妈妈会很重视自己,会接纳自己的想法。关注孩子的语言里透露的情感需求,给孩子最需要的爱。

4 "姥姥什么时候到我们家来?"

情景再现 莉莉从小就是姥姥带着,现在莉莉上幼儿园了,姥姥回家了。姥姥刚走,莉莉就不停地问妈妈:"妈妈,姥姥什么时候才会来我们家呢?"

常见的回答 "姥姥回家了,不知道什么时候才会来我们家。"

专家分析

孩子对经常跟其在一起的人都会有深深的依恋。分离对孩子来说,是一件痛苦的事情。在孩子的脑子里,总是会这样想:"我不会再见到姥姥了吧。"孩子没有分离经验,预想着分离就是不会再见到了。

常见的回答会让孩子看不到团聚的希望,孩子不知道自己在没有姥姥的日子里应怎么办?这个时候,父母可以告诉孩子:"有爸爸妈妈在身边,一样会照顾好你。""和姥姥分开是暂时的,等到合适时间就会和姥姥再见面的。"

消极的回答 "姥姥很久都不会来咱们家了,你上幼儿园了,姥姥有自己的事情要做。"

"老问那么多干吗,姥姥来咱们家我会告诉你的。"

合理的回答 "姥姥走了,你很想念她对不对?如果是我,我也会很想姥姥的。姥姥现在回家了,等我们有时间了就去看望姥姥。姥姥有时间了也会来看我们的。这段时间我们要好好玩,等见到姥姥,把你学会的新的游戏教给姥姥好吗?"

引导未来型——"等姥姥有空的时候,她就会来看望宝宝的!我们每天都给姥姥画一幅画,等姥姥来了给她看,她一定会很开心的,你说呢!"

快乐承诺型——"只要宝宝好好吃饭,好好上幼儿园,过一段时间,姥姥一定会过来看宝宝的。"

温情传递型——抱着孩子说:"宝宝想姥姥,姥姥也在想宝宝呢!如果宝宝不开心,姥姥会不高兴的,宝宝想要姥姥高兴,就要好好地上幼儿园,好好玩啊!"

温馨提示

不要试图去阻止孩子想念远方的亲人,用积极的语言引导孩子学会放眼未来的重逢,做好眼下的事情才是最重要的。应在现有的条件下,让孩子快乐地过好每一天。

5 "为什么去很远的地方要坐车?"

情景再现 美美3岁了,爸爸妈妈决定带她去公园玩。正在那里讨论坐什么车去省时间的时候,美美问:"我们为什么要坐车去公园?"爸爸回答:

一 孩子对生活常识的提问

"因为公园离我们家很远啊,去很远的地方得坐车才行。"美美又问:"为什么去很远的地方要坐车呢?"

常见的回答 "很远当然要坐车啦,难道走着去呀,累也会累死的。"

专家分析

3岁的孩子,还不知道"很远"代表什么意思。对她说多少公里,因为她没有经历过,她也不会有具体的概念。所以,当我们说到"很远"的时候,孩子就会提出这个问题。要帮助孩子理解为什么很远就要坐车,就得让孩子对"很远"这个词有概念。可以用经常走的路段来做比较,比如:"很远就是我们绕街心公园20圈"、"很远就是从我们家到姥姥家"之类,帮助孩子建立"很远"的概念。

常见的回答显然没有解决孩子的疑惑,没有让孩子理解远的概念,孩子仍然不知道为什么远的路程就要坐车。用孩子易于理解的方式,让孩子体验远的概念,是很有帮助的!

消极的回答 "问那么多干吗,你跟在我们身边就行了!"
"怎么那么多话,再问的话,就不带你去了!"

合理的回答 "宝贝儿,从我们家到公园,有去姥姥家3趟那么远。那么远的路程,你走路去可以吗?如果走路去是不是会很累呢?那是不是坐车去方便呢?"

举一反三

引导思考型——"宝贝儿,我们一起来看地图吧!你看,从咱们家到姥姥家这段距离,我们走路的话,要走半个小时。从我们家到公园,有四个从咱们家到姥姥家那么远。那么远的距离,要你一步一步走,你能走到吗?会不会累呢?如果坐车是不是更好呢?"

回想经历型——"宝贝儿,你从家里走到公园,是不是很累啊?我们昨天走了一个来回,你说累了,要抱是不是呀?去姥姥家啊,比去公园还要远很多呢,如果走路很累的话,坐车就会比较轻松的!"

着手实践型——抱着孩子说:"宝贝儿,我们今天去公园,可以先走路试试！如果走路很累，我们再想办法好不好？"

 **温馨提示**

孩子的好奇心很旺盛，这也是孩子之所以不断成长、不断进步的原因。家长在回答孩子的问题时，一定要注意不能挫伤孩子提问的积极性，要鼓励孩子问出更多更好的问题，帮助孩子不断成长。

6 "为什么不能把水倒到地板上？"

情景再现 科科最近发现了一个新的好玩的游戏：就是把水倒在地板上，水会到处跑。科科可喜欢这个游戏了，就把水杯里的水都往地板上倒。奶奶发现了，生气地打了一下科科的手，说："科科，说过多少次了，水不能倒在地板上！"科科虽然觉得很好玩，但是奶奶那么严厉，把科科吓哭了，边哭边问："奶奶，为什么水不能倒在地板上？"

常见的回答 "干了坏事还敢哭！闭嘴，不许说话！"

专家分析

每个孩子都会不停地尝试他们认为好玩的游戏，尽管那个游戏会让他遭到斥责或阻挠。很多时候，在家长的眼里是捣蛋的事情，在孩子自己的世界里都是很好玩的游戏。比如：把好好的新书撕成碎片；刚刚整理好的橱柜里的东西，转眼又全给扔出来；放在桌子边缘的东西，总是在一瞬间被孩子扒拉到地上……这些孩子探索世界的过程，也会让父母恼火不已。尽管如此，还是保持孩子的好奇心吧，因为孩子就是在貌似捣蛋的游戏中慢慢地成长的。毕竟孩子的进步比任何物品的损坏都重要！难道不是吗？

常见的回答会让孩子觉得自己好玩的事情被禁止了，会感觉很委屈，而且在委屈的时候还不能发泄情绪，容易引发孩子的叛逆思想，更加不与家长合作。家长应该接受孩子的情绪，等孩子稳定情绪之后告诉他："这样虽然很好玩,可是破坏了东西。同样的乐趣用其他方法也可以做到哦!"

消极的回答 "看你把水倒到地板上,地板都坏了,这都是你的错,还哭什么呢!"

"你真是个坏孩子,真是不懂事!这样的事情都做得出来!"

合理的回答 "宝贝儿,这个游戏很好玩是不是?可是地板会被水泡坏的。我们把水倒到大盆里,看它怎么走好不好?"

举一反三

引导思考型——"宝贝儿,你好厉害,想出了这么一个好玩的游戏。可是,你看,水已经渗透到地板里了,地板会怎么样呢?我们来想个更好的办法来玩倒水怎么样?"

吸引注意力型——"宝贝儿,你这个游戏很好玩,是你自己想出来的吗?妈妈这里有个更好玩的游戏,我相信你一定会喜欢的!来吧,妈妈跟你一起玩!"

转移地点型——"宝贝儿,你喜欢玩这个游戏呀?不过这里不适合玩水呢!咱们到水池那里去玩好不好?"

温馨提示

孩子玩每一个游戏都是很认真的,被人打断会让孩子感觉很烦,而被家长制止就更让孩子气愤了。看到孩子在玩"捣乱"的游戏时,应设身处地地为孩子着想,让孩子找到更好的游戏办法,达到家长孩子双赢,才是最好的方式。

7 "脏东西为什么要放到垃圾桶里?"

情景再现 小玲玲2岁3个月了,知道用过的餐巾纸、剥下来的水果皮、脏了的食物要扔掉。可是她经常是顺手一扔,不管是在地上、桌子上,还

父母妙答：好孩子的怪问题

是沙发上，经常会看到小玲玲扔的垃圾。玲玲妈妈觉察到了这一点，就对小玲玲说："宝贝儿，脏东西要放到垃圾桶里。"小玲玲很好奇地问妈妈："为什么脏东西要放到垃圾桶里呢？"

常见的回答 "照我说的做就行了，没有什么好问的！"

专家分析

孩子乱扔垃圾，是令很多家长都很头疼的问题。不少宝宝在家长纠正时，会满口答应："下回我不这样做了！"或者会直接反驳："不，我就不扔到垃圾桶里！"不管孩子是什么样的表现，我们知道，垃圾是肯定要放到垃圾桶里的，这是必须养成的习惯，也是不可变更的规则。但需要注意的是：家长一定要耐心纠正孩子的行为，并且平时注意自己的习惯，给孩子做好榜样。

常见的回答只是强行要求孩子按照这个规则去做，并制止孩子对此提出意见。这样很容易导致相反的结果。用平常说话的语气，耐心地给孩子讲解，孩子会给你意想不到的表现！

消极的回答 "谁叫你乱扔垃圾的！伸出手来，看我不揍你！"
"你能干什么啊，就知道给我捣乱！滚一边去！"

合理的回答 "宝贝儿，垃圾是要扔到垃圾桶里的！来，我们一起把它运到垃圾桶里好不好？"

举一反三

培养同情心型——"宝贝儿，你知道垃圾的家在哪里吗？它自己在外面是不是很孤独呢？我们一起来找找看，看它的家人在哪里？谁是它的家人呢？对了，果皮、废纸张、脏的塑料袋等都是！宝贝儿真聪明啊！"

快乐游戏型——"宝贝儿，你的运输车现在很空闲呢！它很想干活啦！有什么活儿要它干吗？哦，地上有垃圾，请运输车把它运到垃圾桶里吧！"

温情传递型——"宝贝儿，我能很准确地把垃圾扔到垃圾桶里！你可以吗？你身边的地上就有个垃圾，你捡起来试试看！宝贝儿，别着急，像妈妈这样对准垃圾桶口。宝贝儿真棒啊！扔得好准啊！"

温馨提示

孩子都有好玩的天性,很多事情都可以用游戏、比赛等方式解决。这样既能培养孩子良好的卫生习惯,又能找机会和孩子玩,促进亲子关系,何乐而不为呢?

8 "买东西为什么要交钱?"

情景再现 妈妈带露露去超市买东西,露露很高兴地和妈妈一起挑了很多东西。挑选好商品后,她们一起来到收银台,把商品交给收银员阿姨,阿姨扫完条形码后,报给妈妈一个数字,妈妈就交钱。等妈妈交完钱,带着露露离开超市的时候,露露好奇地问:"妈妈,你为什么要给阿姨钱呢?"妈妈笑着说:"咱们买东西了呀!"露露继续问:"为什么买东西要交钱呢?"

常见的回答 "给你东西就行了,管那么多干吗?你真是个大麻烦!"

专家分析

孩子从出生到渐渐长大,接触的大部分是家庭成员。一旦到外面接触到新的事物,都会让他们很好奇,想了解新的事物。像去超市购买东西,家长们认为是习以为常的事情,可是在孩子眼里却是很神奇的事情。在家里,要用什么东西可以直接拿来用;可是在超市,要购买需要的东西,家长要用叫做"钱"的一种物品去交换。这让孩子很疑惑,他们还不知道,商品的所有权在商家,我们要获得商品的所有权,就要花钱去换。

常见的回答不仅容易挫伤孩子的好奇心,导致孩子对周围事物的探索缺乏信心,而且容易伤害孩子的自尊心,让孩子觉得自己做什么都是不对的,给孩子童真的心灵蒙上阴影。

消极的回答 "买东西当然是要交钱的,这有什么好问的!"

父母妙答：好孩子的怪问题

"你还要不要自己的东西，再问就不给你啦！"

合理的回答 "宝贝儿，这个就像你和好朋友交换玩具玩一样。你想要玩乐乐的飞机，是不是会把你喜欢的车给他玩呢？我们挑选超市的东西拿回家去，是不是也要给超市一些东西啊？钱就是我们给超市的东西。"

举一反三

解释名词型——"宝贝儿，你观察得很仔细，你好细心啊！这个就是交换。就像你和鑫鑫换着玩具玩一样，妈妈拿了超市的东西，就把钱交换给超市。"

快乐引导型——"宝贝儿，这就叫买东西。就是要用钱去换超市里的东西。这也是个很好玩的游戏哦，我们回家去玩买东西的游戏好不好？"

吸引注意型——"宝贝儿，这就是买东西的意思！咱们购买超市的东西，就是用钱去换东西。咱们再去市场买点需要的东西，你来帮妈妈付钱，好不好？"

温馨提示

孩子提出一些问题，解答时往往需用一些专有名词。对比较小的孩子来说，要想将名词解释清楚并不容易。可以运用一些简单的、孩子曾经经历过的事例来打比方，让孩子借着简单易懂的事例来帮助理解难以解释的名词。

9 "为什么书坏了要粘好？"

情景再现 刚刚满2岁的秋秋不小心把一页书撕坏了，她发现撕纸很好玩，就到爸爸的书架上拿了一本书撕着玩。等妈妈发现的时候，秋秋已经撕了好几张了。妈妈很生气，对秋秋说："秋秋，书要好好保护，以后还要看呢。你帮爸爸把书粘好。"秋秋接着问："为什么要把书粘好啊，妈妈？"

常见的回答 "你要是不粘好，爸爸会生气，爸爸生气就不要你了！"

一　孩子对生活常识的提问

专家分析

孩子不小心做错了事，却发现了一个好玩的游戏。孩子会继续做这个游戏，直到家长来制止他。家长怒不可遏的时候，首先要稳定自己的情绪，思考一下孩子为什么要做错事。很多时候你会发现，孩子只不过是在玩一个他觉得很有趣的游戏而已。对于玩游戏，你是不是有更多的好主意呢？不妨跟孩子一起玩，让孩子在改正错误的同时，体验到家长浓浓的爱意！

常见的回答容易使孩子产生恐怖情绪。2岁的小孩子，还分不清气话和事实的区别。家长说的"不要你了"，孩子会认为家长就会那样做，心里极度害怕和恐惧，这会给孩子的健康成长带来阴影。

消极的回答　"做错了事情就赶快改正，你真是不听话，不是个好孩子！"

"你还不粘好，我就把你最喜欢的书也撕掉，让你再也看不到那本书！"

合理的回答　"宝贝儿，书现在受伤了，它很疼，它在哭呢！它还说：'秋秋，你来帮帮我吧，我疼得要命啊！'我们一起想办法来救救书吧！"

举一反三

引导思考型——"宝贝儿，你看书掉了几页，就像我们摔跤擦破皮一样疼呢。你上回摔跤手受伤了疼不疼呀？那我们赶快给书贴上创可贴，让书不要疼了，好不好？你去拿透明胶，我去找剪刀……"

引发同情型——"宝贝儿，书页被撕掉，他们离开了自己的妈妈，好可怜啊！我们一起帮助书页回家好不好？你去拿胶水，我来整理书怎么样？"

感同身受型——"宝贝儿，书掉几页了，我们以后想要看这些内容就找不到了！就像你最喜欢的图画书，里面你喜欢的汽车图画找不到了一样。那样你会不会伤心呢？我们帮爸爸把书粘好，以后我们想要看就能看了，好不好？"

温馨提示

孩子犯错误是很正常的事情，家长一定要有耐心帮助孩子认识错误，想办法帮助孩子改正错误，千万不能惩罚孩子。

10 "水果为什么不用煮就可以吃?"

情景再现 4岁的添添在厨房里帮助妈妈择菜,看到妈妈把菜切好后放到锅里炒。添添很好奇地问:"妈妈,菜要煮熟才可以吃,为什么水果不用煮就可以吃呢?"

常见的回答 "水果当然是不用煮就可以吃啦,这是常识!"

专家分析

孩子提出这个问题,说明他很细心地观察着世界。很多我们家长习以为常的事情,孩子还没有办法理解。而且,这个问题如果真的要用科学道理来回答,4岁的孩子也很难理解。况且,并不是所有的父母都知道这个问题的答案。

常见的回答会让孩子产生自卑感,因为孩子会认为,这个常识大家都知道,但是自己却不知道,探索未知事物的好奇心会受到挫折。看似很难回答的问题,可以用很简单的办法来解决。可以用做实验的办法来让孩子理解。比如:给他一片生的白菜让他尝,让他体验生的菜和煮熟的菜口感的差异;切一块水果煮好让孩子尝,让他区分煮熟的水果和没有煮过的水果的区别。

消极的回答 "笨蛋,这个问题问得真傻!水果本来不要煮就可以吃嘛!"

"水果煮着吃会中毒的!"

合理的回答 "宝贝儿,你这个问题问得真好!妈妈以前都没有发现水果为什么不煮就可以吃这个问题,我们来做个试验好不好?我们先来吃不煮的梨,看是不是很脆很甜、很好吃?然后我们再来吃煮过的梨,看是不是变软了,而且发酸了?那你喜欢吃煮过的水果还是没煮过的水果呢?"

举一反三

诱导实践型——"宝贝儿,你没有吃过煮过的水果吧?那我们来煮个苹果，尝尝是煮过的苹果好吃还是不煮的苹果好吃，好不好！"

头脑风暴型——"宝贝儿，你真是细心啊，对生活观察得那么仔细！我们一起来讨论一下，水果为什么不能煮着吃好不好？"

授之以渔型——抱着孩子亲一下，说："宝贝儿，你真是厉害啊！这个问题妈妈还真不知道答案。这样吧，咱们一起上网，查查为什么水果不用煮就可以吃好不好？"

 温馨提示

孩子开始探索世界，会有很多奇怪的问题。很多问题会让我们猝不及防，难以回答。不能恐吓，也不能欺骗，那该怎么办呢？孩子其实想要知道答案，但是不仅限于答案，如果能够教给孩子找答案的方法，让孩子自己去寻找答案，那将是两全其美的事，家长何乐而不为呢！

11 "为什么人们要养狗？"

情景再现 格格妈带着格格在院子里遛弯，突然跑出来一条宠物狗，从格格身边奔过去。格格猛地看到一个毛茸茸的东西跑过去，吓得扑到妈妈的怀里哭了起来。格格妈妈说："格格不怕，是邻居家养的宠物狗，你不去惹它，它一般不会乱咬人的。"格格心有余悸，抽抽搭搭地说："妈妈，人们为什么要养狗呢？"

常见的回答 "他们喜欢狗就养了，你问那么多干吗！"

专家分析

孩子害怕毛茸茸的宠物狗，尤其是没有养狗的家庭的孩子，不想看到、碰到狗，所以会问出这个问题。在回答孩子这个问题的时候，首先要注意安抚孩子的情绪，保证孩子的安全，让孩子不害怕、不紧张。让孩子明白，宠物也是人类的朋友，能给人带来很多快乐。同时，也要教孩子遇到宠物时怎么办。

父母妙答：好孩子的怪问题

常见的回答会让孩子产生挫败感，以后如果有问题想问时也会考虑要不要问。容易让孩子形成优柔寡断的性格。

消极的回答 "问这个问题干吗？以后不要问这样没有意思的问题。"
"养了狗咬人啊，专咬不听话的小孩子。"

合理的回答 "宝贝儿别害怕，妈妈在旁边会保护好你的！狗狗是人类的好朋友，能帮助我们做很多事情，还能陪我们玩呢！妈妈小时候就养过狗呢，狗狗一点都不可怕。碰到狗狗的时候，不要乱跑，找个安全的地方保护自己就可以了。"

举一反三

引导思考型——"宝贝儿，别担心，妈妈就在你的身边呢！你不乱跑就不会有事的。邻居养狗狗，是为了和狗狗一起玩。你看狗狗是不是和它的主人在玩呢？它有没有咬它的主人呢？是不是很安全啊？……"

快乐承诺型——"宝贝儿，别害怕，狗狗是路过，我们站好不乱跑就可以了。姥姥家有一只可爱的小狗，会打篮球，我们找个时间去姥姥家看看好不好？"

温情委婉型——抱着孩子说："宝贝儿，别怕，有妈妈在你身边呢！邻居养狗狗，是因为狗狗是他的好朋友，就像是他的家人一样，不用害怕，也不要乱跑！"

温馨提示

孩子对陌生的动物会有天生的恐惧感。正视孩子的恐惧，让孩子明白事情的真相，指引孩子正确地认识周围的世界，孩子会顺利地成长！

一 孩子对生活常识的提问

12 "为什么要跟别人打招呼？"

情景再现 乐乐跟妈妈下楼去院子里玩。妈妈看见隔壁的王爷爷，就向王爷爷问好："王大叔，你好啊！"王爷爷也微笑着跟妈妈打招呼，还亲切地向乐乐问好。等王爷爷走后，乐乐就好奇地问妈妈："妈妈，你为什么要跟王爷爷打招呼呢？"

常见的回答 "见到认识的人就要打招呼嘛，这有什么好问的。"

专家分析

孩子从一生下来，就在不停地用各种方式了解周围的世界。小的时候用眼睛、手、嘴巴，渐渐地长大了，学会用语言了，就会不停地提问题。不管遇到什么新鲜事，即使是我们看似很平常的事情，孩子都会问长问短，刨根问底儿。"为什么要跟人打招呼"？这是孩子观察人际交往产生的一个问题。我们很小的时候父辈会告诉我们怎么去做，而不是为什么要那样做。那么怎么回答这个问题呢？可以让孩子知道，跟别人打招呼会怎么样。

常见的回答能够阻止孩子不再对这个问题发问，但是也会让孩子生出自卑之心，觉得自己问的问题没有意思，进而让孩子产生"以后有问题不能随便就问"的认识，使孩子关闭认识世界的窗户。

消极的回答 "你跟着问好就行了，怎么那么多问题！"
"再这样问问题妈妈就生气，不要你了！"

合理的回答 "是呀，看到认识的人要打招呼。这样别人会很开心，我们也会很高兴的！"

举一反三

换位思考型——"宝贝儿，如果看到认识的人，他不搭理你，你会不会觉得他不喜欢你呀？如果碰到你喜欢的人跟你打招呼，你会不会很开心呢？这样的话，是不是咱们跟别人打招呼，别人会很开心呢？"

快乐感染型——"宝贝儿，我们跟别人打招呼，你有没有看到他们的笑脸呢？那表示他们很高兴。我们就是给别人带去快乐的精灵嘛！"

温情传递型——"宝贝儿，爸爸妈妈下班回来跟你打招呼的时候，你很高兴吧！我们微笑着跟别人打招呼，可以将高兴和快乐带给别人，这样是不是很好呢？"

温馨提示

不管孩子提出什么问题，都要重视，不能漠视，更不能强行阻止孩子发问。遇到不好回答的问题时，可以让孩子多思考，或者让孩子换位去考虑他人的感受。这样既能让孩子学会了解问题之外的事情，也能让孩子产生认同感："啊，原来我有的感觉别人也会有呀！"

13 "地铁都是走地下吗？"

情景再现 周末了，爸爸妈妈带4岁的可馨去公园玩。因为怕堵车，爸爸妈妈决定带可馨坐地铁。上了地铁之后，可馨好奇地问："爸爸，地铁都是走地下的吗？"

常见的回答 "地铁是地下运行的城市铁路，当然都是走地下啦！"

专家分析

孩子问到这种问题，大概是听到地铁这个名词才发问的。这个问题看似很好回答，不少家长也很容易脱口而出："地铁当然都是走地下的。"其实不然。地铁是指在地下运行为主的城市铁路系统或捷运系统，但有时候为了配合修筑的环境，可能也会有地面运行的路段存在，因此地铁实际上是涵盖了城市各种地下与地面上的高密度交通运输系统。

一　孩子对生活常识的提问

常见的回答很明显也欠缺斟酌。不少城市的地铁都有地上运行部分。所以，在回答孩子所提问题的时候，也要仔细考虑，深思熟虑后再回答。

消极的回答　"安静地坐车就是啦，再问的话就不要你啦！"
"笨蛋一个，地铁就是地下运行才叫地铁嘛！"

合理的回答　"宝贝儿，你能提出这个问题真的好棒啊！让爸爸好好想一想啊！地铁呀，大部分是在地下运行，可是也会有少部分在地上运行。我们都统一将它们称为地铁。"

举一反三

多面思考型——"宝贝儿，地铁是不是都是在地下运行呢？我们来看看好不好？现在我们是在地下，等一会儿看看会不会到地上好不好？要是咱们这条线不在地面上运行，我们在出口处问问这里的工作人员，看有没有在地面上运行的地铁好不好？"

引导探索型——"宝贝儿，让爸爸仔细想想啊。我坐过的地铁有些一部分是地上运行的，一部分是地下运行的。是不是都叫地铁呢，爸爸回家找找资料，我们一起找答案，好吗？"

温情传递型——："宝贝儿，这个问题真是难住爸爸了。咱们回家上网去找答案好不好？记得到家要提醒爸爸哟！"

温馨提示

孩子问出各种问题，不少问题会让家长不知道怎么回答。不管怎么样，都要稳下心来，遇到问题仔细考虑，找出合适的答案。有时候当时回答不出来，可以过后想办法寻找答案。认真地对待孩子的问题，也能帮助孩子树立认真负责的生活态度。

14 "我为什么不要买票?"

情景再现 周末了,爸爸妈妈带着两岁三个月的羽灵去公园玩。在公园门口,爸爸妈妈停下买了两张票。羽灵问:"妈妈,这是给谁买的票啊?"妈妈告诉她是爸爸妈妈的。羽灵问:"怎么没有我的票呢?"妈妈说:"宝贝儿,你还是儿童,可以不用买票。"羽灵好奇地问:"为什么我可以不用买票啊?"

常见的回答 "不用买就不用买啦,问那么多干吗?"

专家分析

两岁左右的孩子,自我意识迅速成长,很多事情都会拿来跟身边的人比较。比如:"妈妈为什么有长头发"、"我的手为什么还很小"……诸如此类的问题都会从孩子的小脑瓜里闪现。在买票的问题上,充分显现了孩子的自我意识。在回答这类问题的时候,要注意尊重孩子的自尊,在解答孩子疑问的同时,让孩子心灵健康成长。

家长常见的回答,很明显没有解答孩子的疑问,也容易挫伤孩子了解身边世界的积极性。

消极的回答 "你还是个小破孩,买什么票!"
"闭嘴,有你玩的就好了,怎么那么多屁话!"

合理的回答 "宝贝儿,因为公园很希望像你这样可爱的小朋友来玩,就推出了这样的优惠,让更多的小朋友都来公园玩。很多小朋友来公园玩,会不会很有趣呢?你可以进去找找,看你的好朋友有没有来?"

举一反三

借此说彼型——"宝贝儿,你来看看这里写了一行字:'身高1.2米以下儿童免票。'旁边还有量身高的地方,过来看看你有没有到1.2米。哦,有些可惜，宝贝儿离 1.2 米还有一点距离。宝贝儿好好吃饭、锻炼身体，争取早点买票好不好？"

表达羡慕型——"宝贝儿，咱们到这儿来量一量，看你有没有到要买票的身高。公园为了让更多像你这样乖的宝贝儿来这里玩，就给了 1.2 米以下的小朋友这样的优惠哦！唉，可惜妈妈已经超过那个身高了，好遗憾啊！"

传递赞美型——"宝贝儿，公园特别邀请像你这样活泼的宝贝儿来玩哟！这真是一件值得高兴的事情啊！"

温馨提示

对具有自我意识的孩子，当孩子提的问题会让他觉得自己和别人不一样的时候，要注意保护孩子的自尊，让孩子乐于接受自己和别人的不同。

15 "钱可以干什么？"

 刚满 2 岁的树树又在玩妈妈的钱包了。妈妈拿过钱包对他说："钱包里装着钱，不是用来玩的。"树树好奇地问："妈妈，钱是用来干什么的呢？"

 "钱当然是用来买东西啦！怎么连这个都要问。"

专家分析

钱是我们日常生活中使用最多的通货，在家长们的眼里，钱是个再普通不过的东西了。在孩子的眼里，那花花绿绿的纸币，叮当作响的硬币，是非常好玩的玩具。要从宝宝手里拿走孩子喜欢的玩具，可以想象是多么困难了。孩子很不情愿玩具被拿走，就会问钱这个"玩具"是干什么的，潜意识是"为什么不给我玩"。家长在回答这个问题的时候，可以告诉孩子钱是干什么的，还可以教孩子认识钱，让孩子触摸感觉钱和一般的纸有什么区别。

常见的回答简单介绍了钱的用途，这还不能满足 2 岁孩子了解"买东西"

的概念。"怎么连这个都要问"给了孩子暗示："不能再发问"。很好的一个教孩子认识货币的机会就这样给丢掉了。

消极的回答 "什么东西都要用钱来买,你说妈妈挣钱容易吗?还不都是为了你,那么累死累活的!你还那么折腾人,真不是个乖孩子!"

"让你还我的钱包,你怎么那么多问题啊?真烦人,再问我就把你赶出门去!"

合理的回答 "宝贝儿,钱啊,可以用来换我们想要的东西,比如玩具呀、菜呀。你看看这张钱,上面有个数字是1,旁边还有个字是元。这是一块钱的意思。你看,上面还有一位老爷爷,还有漂亮的花……"

举一反三

引导学习型——"宝贝儿,钱是用来换东西的。比如你想吃水果,就要用钱去换。钱上面有很多数字,妈妈指给你看,你来认好不好?"

快乐认知型——"宝贝儿,钱的作用可大啦。可以用它来换各种各样的东西,比如：水果、玩具、图画书等。妈妈和你一起来认识钱好不好?"

学习思考型——"宝贝儿,你知道你的玩具、图画书是怎么来的吗?就是用钱换来的。那你来想想看,家里的什么东西也是用钱换来的呢?"

温馨提示

每当孩子问到一个问题,家长不要觉得是负担、是烦恼的事情,可以把孩子提的问题当成孩子学习的机会。每问到一个问题,孩子了解世界就又多了一扇窗户。

16 "为什么要先关电源再拔插销?"

情景再现 3岁半的月月最近可勤快啦!不停地帮妈妈干这干那。这

一 孩子对生活常识的提问

不，妈妈刚用洗衣机把衣服洗好，月月就赶过来帮妈妈拔插销啦。可是妈妈挡住了月月，要月月先把电源关掉再拔插销。月月好奇地问妈妈："为什么要先关电源再拔插销啊？"

常见的回答 "我教你，你照着做就可以啦，问那么多为什么干吗？说了你也不懂！"

专家分析

现代家庭中，有很多电器。大部分宝宝对电器、开关、插座都十分感兴趣，也很喜欢去玩开关、插座，或者帮助爸爸妈妈拔插座等。要避免宝宝去开关电源及玩开关是比较困难的。所以要在保护宝宝的前提下，帮助宝宝了解一些用电常识，让宝宝学会安全用电。在给宝宝解释这些用电常识时，可以利用生活中比较常见的事例来打比方，帮助孩子理解。

常见的回答不能解决孩子心中的疑问，反而会令孩子跟家长反着做，不让孩子这样孩子偏要这样，很容易产生危险。

消极的回答 "不许说话，以后不准你动这些东西！"
"你真不听话，不是个好孩子！"

合理的回答 "宝贝儿，不关电源的话，电线里面有电流，就像我们的水龙头流水一样。如果水龙头正在流水，你用手去挡，水就会溅到你身上对不对？不关电源去拔插销，电流也可能会打到我们的手。可是如果我们先关电源，就像水龙头关了开关一样，电线里就没有电流了，这个时候我们去拔插销就不会有危险了。"

举一反三

类比思维型——"宝贝儿，不关电源，电线里头有很多电在走，就好像高速公路上的汽车在跑一样。如果我们直接去拔插销，就好像我们自己站在高速公路上那么危险；如果我们关掉电源，就好像高速路上没有汽车了，这样我们走高速公路也不害怕对不对？先关掉电源，再拔插销就很安全了。"

回忆游戏型——"宝贝儿，在不关电源的时候，电线里头有很多电，就像我们玩射击游戏时子弹头在飞一样，好危险；如果关掉电源，电线里面就没有电了，我们拔插销也不会有危险啦！"

引导思考型——"宝贝儿，如果不关电源去拔插销，就好像我们双手去捧仙人掌，我们的手掌会怎么样呢？你要不要那样呢？那我们还是关掉电源再去拔插销吧！"

**温馨提示**

在孩子面临危险的时候，一定要及时出来制止，教给他化解危险的办法。同时也要让他知道危险是怎么产生的，更重要的是，要教给孩子发现危险的方法，提高孩子的自我防范意识。

17 "下雨时为什么要打伞？"

情景再现 周末，尽管天气预报说今日有雨，但妈妈还是坚持承诺，带着3岁的欢欢去动物园玩。走在路上，下雨了，妈妈早有准备，拿出伞来，撑起。欢欢仰着小脑袋问："妈妈，为什么要打伞啊？我不要打伞，我要看雨！"

常见的回答 欢欢妈妈回答："不打伞就要生病，生病了就要吃药、打针。"

专家分析

孩子问这个问题的时候，他可能是不想这样做，心里面有一点排斥的感觉，这样的问题其实是在询问作出禁令的原因。这时，应该和宝宝讲讲下雨为什么要打伞的理由，而不能过于强硬地让宝宝去接受，同时父母需要耐心地讲道理，让宝宝很愿意去接受。

常见的回答直截了当地说出了最严重的结果，这对于孩子来说其实并不愿接受，会令孩子感觉恐惧，可能还会因此而害怕下雨天，或者还会有这样怪异的想法：打伞就不会生病了。

一　孩子对生活常识的提问

要注意：父母随意的回答都可能给孩子以更多奇怪、错误的联想。

消极的回答　"你这孩子怎么什么都要问，连这都不明白！"
"赶紧走了，雨下大了，以后妈妈再告诉你！"

合理的回答　"如果咱们不打伞，衣服就要被打湿了。如果衣服湿了，就有可能感冒！现在咱们打着伞，这样就不会淋湿了，也不会感冒啦！"

举一反三

引导思考型——"宝贝儿，你看那位跑着的叔叔，他的衣服怎么湿了呢？他为什么又在着急地跑着呢？就是因为叔叔没有打伞，他可能是忘记带伞了，所以衣服湿了，而且，他还要跑着赶紧找地方避雨呢！"

循循善诱型——"宝贝儿，这是为了保护咱们的脑袋哦。瞧这雨多大啊，淋在脑袋上会不舒服的，打把伞雨水就不会落在脑袋上啦！"

爱心传递型——抱着孩子说："宝贝儿，你看下雨了，妈妈都要被淋湿了，你给妈妈打伞好吗？"或者，"你看那位小姐姐没有伞，咱们帮帮她，给她打伞吧！"

温馨提示

可以在小事中逐渐培养孩子的爱心，只有让孩子学会疼爱他的亲人，孩子才能去关爱别人，这一点真的很重要。当然，也可以为孩子做榜样，去关心他人、帮助他人。

虽然宝贝儿还很小，但在潜移默化之中一步步地教孩子学会怎么与人交往，学会怎么去爱，相信这绝不是太早哦。

18 "太阳为什么可以让我们温暖？"

情景再现　春天到了，可可妈带着可可去公园晒太阳。中午，金色的

父母妙答：好孩子的怪问题

太阳照在可可和妈妈的身上，让可可和妈妈都有点昏昏欲睡。妈妈感叹道："多好的太阳啊，我觉得晒得真是温暖啊！"可可立刻好奇地问妈妈："为什么太阳让我们好温暖呢？"

常见的回答 "你这个傻孩子，怎么什么都要问为什么啊？"

专家分析

太阳能发出金色的光，还能让人身上暖暖的，这对孩子来说，是再神奇不过的事情啦！孩子用他那执著的眼睛认真地观察着他周围的世界，疑问时时在他脑中泛起。在温暖的阳光下，给孩子说说太阳的神奇力量，让孩子更加热爱自然，也热爱与家人一起休闲的时光。

常见的回答会让孩子产生自卑感，进而形成不自信的性格。

消极的回答 "太阳要是不能给人温暖，还能叫它太阳吗？你这个笨蛋！"

"你问这样的问题，就像隔壁家的傻孩子东东一样，什么时候你才能懂事，像你表哥一样乖啊！"

合理的回答 "是呀，太阳最神奇啦！它就像火炉一样，能够给我们光明，给我们带来温暖。就像我们的妈妈一样！"

举一反三

层层诱导型——"宝贝儿，太阳照着我们，是不是像烤火一样温暖呢？太阳不仅让我们感觉温暖，还能帮助我们吸收钙，让我们的身体越长越高，越长越结实。宝贝儿，你说我们是不是要多出来玩，多晒晒太阳呢？"

修正品格型——"宝贝儿，太阳把自己的热量无私地奉献给人、植物还有动物。我们晒太阳就是在接受太阳给我们的礼物。收到朋友的礼物，会让我们感觉像晒太阳一样幸福。"我们如果有好的玩具、好的食物，是不是也要拿出来跟朋友分享呢？

引导思考型——"宝贝儿，太阳像一盏很大很大的灯一样，给我们的世界带来温暖！你摸摸看，你的衣服是不是被太阳晒得暖暖的？是不是在太阳下晒一晒，我们就不觉得冷啦？"

一 孩子对生活常识的提问

温馨提示

太阳是神奇的,爱孩子的心也是神奇的。孩子对世界有太多的疑问,我们在与孩子对话的过程中,用爱、宽容、智慧,也能让孩子感觉到亲情的神奇。

19 "为什么电视没有嘴巴也能说话?"

情景再现 4岁的迪迪不停地在电视旁边转来转去,不停地这儿摸摸,那儿碰碰。妈妈问:"迪迪,你在干什么?""我在找电视的嘴巴呢!"迪迪回答。妈妈说:"电视可没有嘴巴!"迪迪问:"妈妈,那没有嘴巴,电视怎么也能说话呢?"

常见的回答 "你怎么那么多问题,哪儿凉快哪儿呆着去!"

专家分析

4岁的孩子,其主动探索世界的需求和能力逐步提高,理解和学习知识的能力也进一步提高。这个时候,家长可以根据孩子的喜好和接受能力,适当地给孩子普及一些比较简单的科普知识。

常见的回答阻止了孩子的提问,很容易打击孩子的好奇心,也容易使孩子产生逆反心理,对孩子的心理健康成长不利。

消极的回答 "电视怎么会有嘴巴呢?再啰嗦把你的嘴巴封住!"
"你真傻,电视又不是动物,怎么会有嘴巴?电视只有扬声器啊!"

合理的回答 "迪迪,电视机里面装有扬声器,我们在外面是很难看到的。就像电脑配备了音箱一样,电视节目里的声音都是通过扬声器传到我们耳朵里的。"

举一反三

引导思考型——"孩子,人和动物是不是都有嘴巴?电视机没有像我们人和动物一样的嘴巴,可是它有像嘴巴一样能发出声音的装置,这个装置就叫扬声器。你想想看,我们家还有什么电器像电视一样,没有嘴巴也能发声呢?"

兴趣导向型——"宝贝儿,电视机的'嘴巴'就是它的扬声器。虽然没有嘴巴,但是它也能把声音传递出来。这就是科学的神奇力量。"

转移注意型——"宝贝儿,电视的'嘴巴'在电视机里面呢,我们在外面是看不到的。不过,我手机里的'嘴巴'可以让你看一看哟!"

温馨提示

无论什么时候,都要记住,好奇是上天赐给孩子最好的礼物。家长要做的,就是要好好保护孩子的好奇心,让孩子自由探索周围的世界。

20 "为什么车要有方向盘?"

情景再现 皓皓在玩他最喜欢的玩具汽车,趴在地上手推着车,嘴里"呜呜"地学着汽车轰鸣。奶奶过来了,打断皓皓,问:"皓皓,你怎么自己玩汽车那么专心呢?我们出去散步吧!"皓皓说:"不去,我要玩汽车。奶奶,为什么汽车要有方向盘呢?"

常见的回答 "这是什么蠢问题,汽车没有方向盘能行吗?"

专家分析

汽车为什么要有方向盘,家长会觉得那么简单的问题,怎么会有人问呢?汽车要有方向盘才能控制方向。可是在孩子的眼里,那就是很奇怪的事情。因为,孩子还不知道方向盘的用途是什么,当然难以理解方向盘的重要性啦!

常见的回答很容易让孩子产生自卑感,觉得自己不如别人,进而对自己不自信。

消极的回答 "到一边玩去，问些什么笨蛋问题呀，只有傻子才这样问！"

"闭嘴，再问的话，关你黑屋子！"

合理的回答 "宝贝儿，方向盘是用来控制汽车方向的。如果没有方向盘，汽车要转弯了都没办法转，那是不是会很危险呢？汽车可不能缺少方向盘哦！"

举一反三

引导思考型——"宝贝儿，如果你的玩具车不能控制方向，它是不是会到处乱撞？那样是不是很危险？要是有方向盘，就能转弯是不是？那汽车没有方向盘行不行？"

动手实验型——"宝贝儿，我们来玩个游戏吧。你开玩具车，可以控制速度，但是不能转弯，你看看会怎么样？是不是不能再开了？方向盘是控制汽车改变方向的，没有方向盘是不是不行呢？"

温情传递型——抱着孩子说："宝贝儿，我们到床上来玩汽车游戏。假设你是汽车，妈妈是司机，妈妈开呀开呀，前面有被子做的大山，哎呀，妈妈找不到方向盘，汽车要撞山上啦！啊！汽车没有方向盘就是不行，你说对不对！"

温馨提示

孩子问出各种各样的问题，家长不用拘泥于一种形式解释和回答。可以多运用游戏、做实验的方式，培养孩子的动手能力和自我思考能力！

21 "为什么水往低处流？"

情景再现 快满6岁的哲哲和爸爸妈妈一起去郊外爬山玩，爬到一个水潭边，哲哲看着清清的潭水哗哗地往山下流，不禁问道："爸爸，为什么水要往低处流呢？"

常见的回答 "水不往低处流还能往天上飞呀，你见过水往上流吗？真是笨蛋！"

专家分析

水往低处流，家长都知道是地球的万有引力在起作用。在孩子眼里，他会认为：怎么那么神奇，居然水都是往低处流的！这真是一个惊人的发现啊！所以家长要肯定孩子的发现，耐心地用孩子可以理解的方式解释给孩子听。对快6岁、已经认识一些字的宝宝，也可以鼓励其在家长的帮助下找资料。

常见的回答很容易伤害小孩子的自尊，引发孩子对家长的不满情绪，进而可能产生与家长的对抗情绪。

消极的回答 "你真是个笨蛋，以后还会有什么出息啊！"
"这个问题也来问，真是没有水平！"

合理的回答 "宝贝儿，你观察得好仔细啊！不只是水，还有其他的东西也是往低处掉呢！比如：苹果熟了会自己从树上掉下来。这是什么原因呢？我们一起到网上找一找好不好？你来打字，我帮你找怎么样？"

举一反三

引导思考型——"宝贝儿，水往低处流，这是万有引力作用的结果。就像我们扔东西，扔得再高再远，东西还是会回到地面上一样。万有引力是怎么回事呢？我们一起找资料好不好？"

举例验证型——"宝贝儿，地球就像一个大磁铁，对它表面的物体都会有吸引力。这就是水往低处流的原因。我们来做一个实验，把这个圆石头放在坡上，看看如果没有东西挡住，它会不会一直往坡底掉好不好？"

真心赞美型——"宝贝儿，你真细心。这个问题啊，我们是上中学的时候才学到的！为什么水会往低处流呢？等我找找资料后，我们一起来看好不好？"

 **温馨提示**

有人说:"最聪明的家长,不是将所有的答案都告诉孩子,而是告诉孩子寻找答案的方法。"孩子渐渐长大,接触的知识越来越多,家长不可能对所有的问题都能游刃有余地予以解答。那么,就做一个聪明的家长吧!让自己轻松些,也让孩子拥有更加独立的空间。

22 "碗为什么会打碎?"

情景再现 两岁三个月的珺珺很开心地帮助妈妈收拾桌子上的碗。她像拿自己的不锈钢碗一样,去拿装菜的大瓷碗,没想到一不小心,瓷碗摔到了地板上,碗立刻就碎了。珺珺吓坏了,哭了起来!尽管妈妈表示不是珺珺的错,珺珺还是不停地抽泣,流着眼泪问:"妈妈,碗为什么会打碎啊?"

常见的回答 "把碗打碎了还要哭,还多嘴问,再问我就打你的屁股!"

专家分析

孩子很高兴地帮助妈妈做事情,内心是期待表扬的。可是不小心打碎了碗,被碗破碎的声音吓坏了,又担心会被妈妈批评,内心的恐惧是难以言表的。只有通过哭来缓解自己的情绪。在这个时候,家长可不能认为孩子在捣乱,或者逃避责任。应体谅孩子的恐惧,用拥抱或轻缓的语言缓解孩子内心的恐惧,帮助孩子了解事情的真相。

常见的回答很可能让孩子更加恐惧,哭声变得更大。应仔细分析孩子哭泣的原因,找到缓解孩子情绪的最好的办法。

消极的回答 "打碎碗我没怪你,你怎么倒自己哭了起来?"

"气死我啦!好好的碗,非要来拿,你看,现在打碎了吧!"

合理的回答 "宝贝儿,别害怕,妈妈在旁边保护你呢!刚才那个很大的声音只是碗打碎的时候发出来的！碗碎了也不要紧，我们把碎片扫到垃圾桶倒掉就可以啦！你要不要帮妈妈来扫呢？"

举一反三

诚恳求助型——"宝贝儿，来，妈妈抱抱！被吓到了吧？不用害怕，妈妈在旁边保护你呢！碗打碎了也没关系，重要的是你很安全！等会儿我们把碎片整理一下。宝贝儿，妈妈不知道这些碎片要怎么收拾呢，你帮妈妈想想办法好不好？"

展示过错型——"宝贝儿，让妈妈抱抱！宝贝儿，怎么啦？是不是被碗打碎的声音吓到啦？是不是害怕妈妈会说你？没有关系的，碗碎了收拾好就可以啦，妈妈小时候也老打碎碗呢。不要害怕，我们一起来想办法收拾好不好？"

温情委婉型——抱着孩子说："宝贝儿，不要怕，妈妈在你身边呢！宝宝帮妈妈干活很努力！碗打碎了也不要紧，我们一会儿来收拾就行了！"

温馨提示

在生活中，孩子难以避免会犯错误，想帮忙却越帮越忙的情况比比皆是。犯错误的孩子当时是什么样的心态？是后悔、内疚、害怕被责备。应了解孩子的心情，缓解孩子的情绪，让孩子正视错误，有勇气改正错误。

在孩子眼里，家长做事都是那么十全十美，如果你偶尔告诉他，你也曾经犯过错误，孩子会明白："哦，原来家长也犯错！"只有正视错误，才能改正错误。最重要的是，要让孩子身心健康地成长！

23 "为什么米可以变成饭？"

情景再现 吃饭的时间到了，三岁半的佳佳却看着她面前的米饭沉默不语。"怎么啦，佳佳？"妈妈关切地问。"妈妈，我在想，为什么米放到锅里就可以变成饭呢？"

常见的回答 "米煮熟就变成了饭嘛，这个也要问啊？"

一　孩子对生活常识的提问

专家分析

"生米煮成熟饭",这是我们大家都很熟悉的俗语,很容易理解,米拿去煮,就会变成饭。但这在孩子眼里,却是很奇怪的现象:硬硬的细细的米,在锅里煮过之后,就变成软软的、香香的饭啦!要尊重孩子的发现,让孩子有更多的兴趣发现更多的奇迹!

常见的回答容易挫伤孩子观察世界的积极性,让孩子不敢轻易在家长面前提问,从而造成亲子沟通的阻碍。

消极的回答　"米煮熟也不会变成黄金!你在呆想什么呢?快吃饭!"
"吃饭时不许说话!"

合理的回答　"米煮熟之后就变成了好吃的饭,这是因为米在煮的过程中,吸收了水分和热量。就像一个小朋友长大一样,需要很多的营养,尤其是要多吃米饭和菜,多吃水果,这样才能长得结结实实的!"

举一反三

乘机诱导型——"宝贝儿,米粒在煮的时候,喝了很多水,还吸收了很多的热量才会变成好吃的米饭。如果一个小朋友要长得结实强壮,是不是要多喝水、多吃饭菜呢?水果是不是也需要呢?"

树立榜样型——"宝贝儿,因为米是不挑食的好宝宝。给它水,它就喝掉;给它热量,它就吸收,所以它就变成了香喷喷的饭。宝宝是不是也要向米学习呢?"

温情劝告型——抱着孩子说:"宝贝儿,米在那样闷热潮湿的环境还能让自己变得香喷喷的,它是不是很厉害啊?那我们在闷热潮湿的夏天可不可以说不吃饭,只吃冰激凌呢?"

温馨提示

孩子精灵古怪,所提问题是否让你难以回答?没有关系,只要有提问,就是给你教育孩子的机会!家长可不能错过这么好的教育机会哟!

父母妙答：好孩子的怪问题

二 孩子对规律作息的提问

1 "为什么晚上要睡觉？"

情景再现 2岁半的瑞瑞到了晚上九点多还不肯睡觉，妈妈在给他讲完睡前故事之后他还是不停地说话、玩。妈妈对他说："瑞瑞，已经过了睡觉的时间，很晚了，该睡觉了！"瑞瑞立刻就问妈妈："为什么晚上要睡觉呢？"

常见的回答 "忙了一天了，很累了就要睡觉啊！"

专家分析

孩子不愿睡觉，原因可能是孩子害怕黑夜里的孤单，为了驱除恐惧，他会在睡觉前与父母一起打闹，或者以要求喝杯水为由不断地拖延时间。"为什么晚上要睡觉？"其潜台词是"我不想睡觉"或"我害怕睡觉"。在回答宝宝的问题时，要注意舒缓孩子的紧张情绪，让孩子轻松地进入睡眠。

常见的回答不能让孩子满足，还可能会引来更多的发问，比如"我还不累为什么也要睡觉"之类的。

消极的回答 "闭嘴，赶快睡！"
"再不睡就让你呆到厕所去！"

合理的回答 "宝贝儿，到了时间就要休息啦！妈妈在身边陪着你，给你唱歌呐！"

二　孩子对规律作息的提问

举一反三

引导思考型——"宝贝儿，明天是不是要去公园玩呢？要是不好好休息，明天就没有力气玩啦，你想不想那样呢？乖，妈妈给你唱歌，你安静地休息吧！"

快乐承诺型——"宝贝儿，明天想不想去动物园看猴子呢？想去妈妈就带你去，但是一定要准时睡觉！乖，妈妈陪着你休息！"

温情传递型——"宝贝儿，到了睡觉的时间就要休息！要不然明天早上就起不来，看不了你喜欢看的电视啦！"

温馨提示

宝宝睡觉难是很多家长都头疼的事情。不能用一成不变的方法说服孩子睡觉。要根据孩子的具体情况，选择不同的方式，让宝宝心甘情愿地进入梦乡。

2 "为什么早上要起床？"

 早上，3岁的涵涵的起床问题伤透了涵涵妈的脑筋。每天到该起床的时候，涵涵总是不愿起来，涵涵妈急着要上班，天天早上就像打仗一样，妈妈和宝宝都精疲力竭。涵涵还很无辜地问妈妈："为什么早上要起床？"

"你要上幼儿园了，妈妈也要上班了，再不起来就迟到啦！"

专家分析

孩子早上不愿意起床，会有不同的原因。比如前一天上床太晚；睡眠不好，常做噩梦，虽然睡眠时间不短，但是实际睡眠不足；孩子的体质需要较长的睡眠时间。还有可能是孩子不想上幼儿园，不想离开妈妈等。家长需要跟孩子交流，了解孩子是因为什么不愿意起床，根据孩子的具体原因采取具体的

父母妙答：好孩子的怪问题

措施。

常见的回答并不能解决孩子的疑惑，反而会引起孩子更多的疑问："我为什么要上幼儿园？"等等。

消极的回答 "闭嘴！再不起来就用冷水泼你！"

"人不能像鱼一样睡啊，赶快起来！再不起来就打你的屁股！"

合理的回答 "宝贝儿，到了起床的时间就要起床！今天妈妈给你去买个你喜欢的大白兔闹钟，以后让大白兔叫你起床好不好？"

举一反三

引导思考型——"宝贝儿，你为什么不想起床呢？不想离开妈妈啊？你就是不去幼儿园，妈妈白天也要去上班对不对？你乖乖地起床，晚上回家妈妈陪你过'小周末'好不好？"

利用爱好型——"宝贝儿，快起来！我们早些去幼儿园，就可以看到小区里的垃圾车工作啦！快点哟，晚了就来不及啦！"

温情许诺型——"宝贝儿，快点起床，快乐地过完白天，晚上就又可以和妈妈一起玩啰！我们可以讲很多很多的故事！"

温馨提示

孩子不愿意起床，就像我们自己小时候喜欢赖床一样。将心比心，花些心思，运用巧妙的方法让孩子起床才是最有效的。

3 "为什么每天都要吃饭？"

情景再现 琰琰都快3岁了，其他方面都好，就是不愿意吃饭。体重不达标，不管怎么哄都不肯吃。就算是吃一两口也都是含在嘴里好久才咽下去，吃半碗饭至少要一个小时。琰琰每到吃饭的时候就会问妈妈："为什么每天都

二 孩子对规律作息的提问

要吃饭呢?"

常见的回答 "不吃饭怎么行呢?不吃饭就会饿的!"

专家分析

孩子问这个问题,是因为他不想吃饭。不少孩子有挑食、厌食的问题,究其原因,往往是家长纵容娇惯所致。比如:家长追着孩子喂饭、孩子饱了还要强喂、零食没有节制、饭前批评孩子、经常唠叨孩子吃饭吃得不好、运动量不够等。要解决孩子的厌食问题,就要鼓励孩子多活动,保证孩子身体有饥饿感;给孩子一个良好的饭前心境;控制零食;鼓励与榜样相结合;饥饿法等。孩子一两顿不愿意进食,身体没有异常,那就说明孩子真的不饿,不必强求,不妨让其离开饭桌,去搭积木,看画书等,这样下顿饭孩子必能香喷喷地吃。

常见的回答会让孩子不能理解。现在很多孩子都没有体验过饥饿感,根本不

"不吃饭就不要你了!"

消极的回答 "你不吃饭,警察就会来抓你,把你关到监狱里去!"

合理的回答 "宝贝儿,吃饭身体才能吸收营养,才会强壮啊!你看妈妈,是不是很结实呢,就是因为妈妈吃饭吃得好,也不会生病!快来吃吧,快点长得像妈妈这么高大!"

举一反三

引导选择型——"饭很有营养,小孩子吃了才会长得高,你吃一碗还是吃两碗?"

树立榜样型——"你喜欢警察叔叔,愿意当警察吗?吃得饱饱的,身体棒棒的,长大了才能当警察。"

温情传递型——"火车来啰!装了很多货,快来接货呀!张开大嘴,啊!成功啰!宝贝儿,你真棒!"

温馨提示

孩子的吃饭问题很多家庭都会碰到!很多孩子都曾经这样!所以,请你不

要担心。想想自己，什么时候最有食欲呢？什么时候吃饭最香呢？要是你刚好运动过后肚子空空，要是你正好发现饭桌上是你最爱吃的糖醋排骨，要是有几位食友和你一起大快朵颐……带孩子一起准备饭菜，就餐时多给孩子鼓励，比赛谁第一吃完饭，学习收碗等……这一切都会让孩子觉得吃饭是一件"大事"，他已经长大了，足以做家长做的事情了。这样，孩子会很有成就感。

4 "为什么要睡午觉？"

情景再现 吃过午饭，到了小雨午休的时间了。妈妈已经催促过几次，让小雨上床睡午觉，可是小雨还想玩自己的玩具车。妈妈再一次过来对小雨说："小雨，午睡的时间到了，上床睡觉去。"小雨皱着眉头问妈妈："为什么要睡午觉呢？"

常见的回答 "小孩子就是要睡午觉嘛！"

专家分析

孩子提出这个问题，潜意识是说："我不想睡午觉。"科学研究表明，孩子大脑发育尚未成熟，更加容易疲劳。孩子适当的午休，可以帮助孩子缓解疲劳，补充夜间睡眠的不足。很多家长也知道孩子睡午觉有好处，可是却没有好的办法让孩子乖乖地睡觉。家长可以给孩子一个良好的午睡环境、给孩子讲故事、利用游戏帮助孩子尽快入睡。

常见的回答会让孩子觉得受到了不公平的待遇。因为家长说"小孩子就要睡午觉"，那为什么家长不睡午觉呢？

消极的回答 "再不睡觉就把你扔出去！"
"好好睡觉，下午我带你去买糖吃！"

合理的回答 "宝贝儿，睡了午觉我们下午才有力气去玩啊。来，宝贝儿，妈妈陪着你，你安静地休息吧！"

二　孩子对规律作息的提问

举一反三

引导思考型——"宝贝儿,要是咱们中午不睡觉的话,下午就没有力气去玩了,连玩具车都开不动了,那样好不好?如果我们现在休息一个小时,下午就能搬得动所有的玩具,是不是更好呢?妈妈陪在你旁边,你好好休息吧!"

快乐游戏型——"宝贝儿,现在好好休息,下午就可以去公园玩推沙子的游戏,你要不要去呢?"

温情传递型——抱着宝宝说:"宝贝儿,午睡可以让妈妈最喜欢的宝宝身体健康地成长!妈妈抱你上床,然后一直陪着你,你好好休息吧!"

 温馨提示

孩子的午睡是很多家长都头疼的事情。不用紧张,适当的许诺会让宝宝乖乖地上床睡觉。不过要记住,午睡是规律作息的一部分,是一种长期行为。所以要让孩子明白,午睡像吃饭一样,是必须要执行的任务!

5 "超市晚上为什么要关门?"

情景再现　夏夜,白天的余热让人无法入睡。已经晚上九点半了,恒恒妈还带着2岁的恒恒在街边散步。经过路边超市的时候,恒恒发现超市都已经关门了。恒恒抬头问妈妈:"为什么晚上超市要关门?"

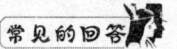"在超市工作的叔叔阿姨们晚上也要回家休息啊!"

专家分析

孩子随着年龄的增长,各方面的能力迅速发展,他们想接触更多周围的事物,需要观察、了解、适应周围的事物。他们需要探索,以求得到自己认为满意的解释和答案。好奇心让孩子对周围的世界充满了兴趣,所有成人看似平常的事情,孩子都会观察、思考。这就是孩子对我们习以为常的事物提问的原因。

父母妙答：好孩子的怪问题

常见的回答仅简洁地告诉了孩子超市关门的原因。可是还会引起孩子的进一步发问："为什么他们也需要休息呢？"

消极的回答 "超市不关门，东西都会被偷掉的！"
"我们不买东西，他们就关了门呗！"

合理的回答 "在超市工作的叔叔阿姨们，他们已经工作一整天了。工作一整天会不会很累呢？累了应该怎么办呢？你说得很对，需要休息！到了超市下班时间，叔叔阿姨们就把东西收拾好，关好门窗，回家休息了！"

举一反三

引导思考型——"宝贝儿，现在已经是九点多了，我们应该干什么了呢？对，我们要休息了。在超市里工作了一天的叔叔阿姨们也需要休息了。叔叔阿姨们离开超市回家，要不要给超市关门啊？你说得很对，所以他们关好门窗回家啦！"

快乐感染型——"宝贝儿，在超市工作的叔叔阿姨们，工作一天很辛苦，所以关好门回家休息去了，明天又会来上班！等我们明早起来就会发现，超市的门已经开了，哈哈！"

设身处地型——"宝贝儿，就像我们玩了一天玩累了要回家休息一样，在超市工作的叔叔阿姨们也要回家休息，明天好继续上班卖东西给大家！想想看，明天我们有没有什么需要买？"

温馨提示

有的时候，看似简单的问题可以复杂一点来解释，因为要满足孩子的好奇心，简单的一两句话是达不到效果的！

6 "吃饭时间为什么不能玩？"

情景再现 可馨4岁了，可是在吃饭时间老是想玩玩具、看书。可馨的

二 孩子对规律作息的提问

妈妈说了她很多次，可是可馨还是不由自主地离开餐桌去玩。今天可馨又要去玩汽车，妈妈对她说："吃饭时间不能玩。"可馨立刻问道："为什么吃饭时间不能玩呢？"

常见的回答 "我说不能玩就不能玩，你听我的话就是了。"

专家分析

孩子问到这个问题，是因为孩子不想在吃饭的时候放弃玩耍。吃饭时孩子喜欢玩，让家长操心不已。孩子不好好吃饭，大部分的责任在家长。对孩子的爱没有原则，刚开始孩子吃饭玩没有去制止，或者制止不坚决，让孩子养成了边吃饭边玩的不良就餐习惯。所以家长在回答孩子的问题时，要语气坚决地告诉孩子，吃饭时间绝对不可以玩。

家长最常见的回答，只是语气强硬地表达家长的态度，难以解决孩子心中的疑问。

消极的回答 "不许玩！边吃饭边玩把人都急死了！"
"我说的话你要好好听，再问的话就让警察来抓你！"

合理的回答 "吃饭的时间就只能吃饭。如果你在吃饭的时间去玩，错过了吃饭时间，你就要饿肚子。直到我们吃下顿饭你才能一起吃。你愿意饿肚子吗？"

举一反三

适当威胁型——"在吃饭时间就只能吃饭。如果这个时候你不吃饭，你就只能等到下一顿了。而且零食也一律不能吃了。你现在要玩不吃饭吗？"

快乐引诱型——"吃饭时间当然只能吃饭啦！要不然会饿肚子的。今天妈妈做了很多好吃的哟，有你最喜欢吃的菜哟！唉，爸爸可不要全吃掉了，要给我们留一点儿。"

温情游戏型——"对，吃饭时间就吃饭！不过，吃饭也是一个很好玩的游戏呀，要不要来试试！"

 **温馨提示**

边吃饭边玩的问题,不是几句话就可以解决的。家长要告诉孩子吃饭的礼仪,并让孩子遵行。在孩子不肯好好吃饭的时候,如果没有特殊原因,可以"狠心"让孩子体验一下饥饿的感觉,让孩子学会餐桌礼仪。

7 "为什么要在早上锻炼?"

情景再现 3岁的小叶子喜欢早起。每天早上,妈妈都会带小叶子去门前的广场玩。广场上经常会有一些老头老太在锻炼,有的练剑术,有的练太极,有的跑步。小叶子很好奇,问妈妈那些爷爷奶奶们在干什么。妈妈告诉她爷爷奶奶们在锻炼。小叶子好奇地问:"为什么要在早上锻炼呢?"

常见的回答 "人们早上才有时间锻炼嘛!"

专家分析

我们知道,早晨六点钟到八点钟,空气较为混浊且人刚从睡眠状态醒来,适合做些少量的有氧运动,比如做操、练太极、剑术等。适当地活动筋骨,可以使身心更快地进入工作状态。长期进行早练,可以让身体健康,强壮有力。家长也可以鼓励孩子参与早练,为其健康成长打好基础。

常见的回答过于片面,且未能很好地利用孩子提问的机会引导孩子一起锻炼。

消极的回答 "想什么时候锻炼就什么时候锻炼,这是什么问题?""早上就是要锻炼嘛,怎么那么笨啊!"

合理的回答 "早上锻炼身体,会使身体长得很强壮,不会生病!宝贝儿,我们也一起来锻炼好不好?妈妈来教你做操!"

二　孩子对规律作息的提问

举一反三

引导思考型——"早上锻炼身体会让人身体健康。如果很长时间都不锻炼，身体会怎么样呢？很可能会生病的！宝贝儿，我们也一起跟着爷爷奶奶们学习锻炼身体好不好？"

树立榜样型——"宝贝儿，早上锻炼身体才不会生病！妈妈会做一套操，做给你看，你要在后面跟着我学啊！"

相互竞争型——"早上锻炼身体好啊！你看那群爷爷奶奶们练的那个操，看起来很难学，我们一起来学，看谁先学会好不好？"

温馨提示

不少人认为，教育孩子就得付出巨额的金钱。其实这是一个误区，有时候几乎不花一文，同样可以获得很好的教育效果。如果你愿意，也可以试试，用心在生活中寻找教育孩子的机会，利用好"机会教育"。

8 "为什么不能老看电视？"

情景再现　4岁的妞妞最近迷上了看电视。每天一大早起来就开始看电视，有时甚至连吃饭时间也看。妞妞妈妈看不下去了。就对妞妞说："妞妞，以后咱们不能老看电视，每天可以看1个小时。看完1个小时就不可以再看了。"妞妞问："为什么不能老看电视呢？"

常见的回答　"一直盯着电视看，眼睛会瞎掉的，以后再也看不见东西啦！"

专家分析

家长们常常反映孩子特别爱看电视，想了许多办法也无法阻止孩子对电视节目的喜爱。于是，考虑到看电视影响孩子的视力、耽误学习或粗制滥造的节

父母妙答：好孩子的怪问题

目会对孩子产生不良影响等因素，许多家长采取禁止等简单、粗暴的方式对待孩子看电视的问题。其实，对于学龄前儿童来说，看电视不仅是他们娱乐消遣的一种方式，也是一种学习的机会。

常见的回答会让孩子对电视产生恐惧而不敢看电视，这也不是长久之计。只有让孩子学会利用电视，才是最好的办法。

【消极的回答】"我说了，你照着做就行啦！"
"哪来那么多废话，再说连1个小时也不让看了！"

【合理的回答】"宝贝儿，我们要保护好视力。老盯着电视看，眼睛会疼的。我们挑一些好看的节目，每天看1个小时，既看了电视，又不会让眼睛疼，是不是很好啊！"

举一反三

引导思考型——"一整天盯着电视看，是不是没有时间玩其他的游戏了呢？我们一天看1个小时，其他的时间用来玩好玩的游戏，是不是更好呢？"

快乐承诺型——"宝贝儿，我们花1个小时的时间看你喜欢看的动画片，然后妈妈陪你出去跟小朋友玩游戏。最近咱小区新来了一个小妹妹，老带大家唱歌，我们去跟她比赛好不好？"

温情传递型——"宝贝儿，你看你喜欢的动画片里，××都是在和小朋友们玩！这就是要我们向他学习，多出去跟小朋友们玩。我们每天看完这个动画片就去玩游戏吧！"

温馨提示

好的电视节目能让孩子开阔视野和眼界，所以，我们要做的就是如何充分发挥电视的教育功能，而非只看到电视的负面作用就禁止孩子看电视。

二 孩子对规律作息的提问

9 "为什么不能一直玩到天亮?"

情景再现 路路三岁半了,最近一个月,每天晚上都要到十二点才睡,而且不哭不闹,只是玩,每天早上八九点钟起床,中午睡两三个小时,一般睡到下午四点多钟起来。路路妈妈试过很多方法来让她睡觉。例如,给他讲睡前故事、唱催眠曲等等,都不能让孩子入睡。路路妈妈说:"路路,我们不能老这样玩,要早点睡觉啊!"路路瞪大眼睛问:"妈妈,为什么不能一直玩到天亮呢?"

常见的回答 "玩到天亮我们都会很累的,我们睡觉吧!"

专家分析

孩子的睡眠习惯只能慢慢调整。要给孩子创造一个良好的睡眠环境,并且要有规律,例如,到晚上九点,所有人都要上床睡觉,关电视,关灯,保持室内安静。以关灯为条件,给孩子讲平时他最喜欢的故事,一般孩子会接受,在安静平和的环境下,孩子会慢慢入睡,逐渐会养成稳定的睡眠习惯。

常见的回答并不能起到督促孩子睡觉的作用。

消极的回答 "你要是还不睡觉,我就把你扔出去!"
"再不睡觉我就给警察打电话,让他来抓不听话的小孩!"

合理的回答 "今天我们来玩一个新游戏吧!我们把灯都关掉,然后躺在床上。要很安静哦,不能说话也不许乱动,看谁坚持得久。谁赢了,明天谁就可以玩'得儿,驾'的游戏!"

举一反三

引导思考型——"宝宝,如果玩一个晚上,我们白天就没有力气玩了,你说是不是呢?我们现在来玩一个养精神的游戏吧!我们一起躺在床上,闭上眼

父母妙答：好孩子的怪问题

睛，不说话，也不动，看谁坚持的时间长，好不好？"

故事诱导型——"宝贝儿，要真是玩一个晚上，我们明天就起不来啦！这样吧，妈妈今晚给你讲很多故事，你要认真地听哦！我们先讲《小鱼的旅行》，小鱼不想睡觉……"

稳定情绪型——"宝贝儿，你还很想玩是不是？好吧，妈妈带你玩宝宝睡觉的游戏！假装你是小宝宝，妈妈就抱着你，摇啊摇，摇啊摇，小宝宝，要睡觉……"

 温馨提示

用巧妙的办法帮助孩子养成良好的睡眠习惯，会让孩子受益匪浅。看似生硬的规矩，也可以用好玩的方式来执行！

三 孩子对卫生习惯的提问

1 "为什么要洗手?"

情景再现 涵涵在幼儿园可乖了。吃水果、吃午饭、户外活动回来,老师都会要求孩子:"抹上香皂,把手洗干净了,老师检查后才能用手绢擦手。"每次涵涵都会洗得很干净,还认真地问:"老师,你看我洗得干净吗?"今天下午放学后,涵涵就像往常一样拿东西吃。爸爸妈妈都让他洗手,他不仅不去洗手还发脾气,甚至躲在一边哭鼻子,妈妈哄劝之后他不哭了。过了一会儿开饭了,涵涵又不去洗手,还大发脾气问:"为什么要洗手啊?"

常见的回答 "不洗手怎么行呢,我说什么你就做什么!"

专家分析

大家都知道,洗手可以除掉黏附在手上的细菌和虫卵。用流水洗手,可洗去手上80%的细菌;如果用香皂洗,再用流水冲洗,可洗去手上99%的细菌。宝宝在家不洗手可能是一天见不到父母想要撒娇,也可能是因为水冷或偷懒,家长可以和孩子谈谈心,多给孩子讲些爱清洁讲卫生的故事,鼓励孩子做个讲卫生的好孩子!

常见的回答容易让孩子产生逆反心理。耐心地跟孩子谈谈,寻找孩子不肯洗手的原因,才能帮助孩子克服困难,养成饭前和吃东西前洗手的习惯。

消极的回答 "不洗手你就跟鱼去睡觉!"

"不洗手就不要吃饭了,把你放在厕所关起来!"

合理的回答 "宝贝儿,我们手上经常会有看不见的小细菌,小细菌不小心到了我们肚子里,会让我们肚子疼的!我们洗手,就能赶走小细菌,让身体健健康康的。妈妈给你买了可爱的小狗香皂,我们来用新香皂洗吧!"

举一反三

引导思考型——"宝贝儿,你为什么不想洗手呢?水太凉了是不是?妈妈给你放温水洗,好吗?"

快乐承诺型——"宝贝儿,洗完手后就可以吃你最喜欢吃的蘑菇啦!哎呀,爸爸都已经在吃啦,赶快洗完手吃哟,晚了可就没有啦!"

温情传递型——"宝宝,你为什么不想洗手呢?洗手水会溅到脸上啊,妈妈给你把水开小一点就不会了!走,我们一起去吧!"

温馨提示

你洗手的时候,要露出很幸福的表情,甚至可以唱歌,让孩子坐在一边看着,让孩子感觉到洗手是妈妈愿意做的事情。听到流水的声音,还有妈妈快乐的歌声,孩子会被吸引,慢慢地就会喜欢上洗手了。

2 "头发为什么会脏?"

丁丁已经快5岁了,小孩子都害怕洗头,丁丁也一样。妈妈问他究竟怕什么?他说怕水流进眼睛里。丁丁从小一直是妈妈抱着仰面躺在妈妈腿上洗头,这样他可以看见妈妈,不用担心水流进眼里。但是人总是要长大的,丁丁现在已经112厘米的个子,20多千克重,还像小宝宝一样被妈妈抱在腿上洗头就很难了!半年前妈妈就试图让他学着淋头,因为他早就可以洗淋浴了,但是丁丁硬是坚决不肯让水从头上淋下,尽管他很喜欢玩水,可只要感觉有水从头上流下来,即使离他的眼睛还很远他就受不了啦,他会受惊似的大声

三 孩子对卫生习惯的提问

尖叫，说什么也不肯再洗了。爸爸妈妈费尽口舌威逼利诱都无效，试着改成让他蹲着低下头从后面淋也一样不成功，丁丁还问："为什么头发会脏呢？"

常见的回答 "头发当然会脏啊！"

专家分析

孩子问到这个问题，是孩子不肯洗头，或者害怕洗头。家长可以找个好榜样让孩子效仿，小孩模仿能力很强。如果孩子洗头了，你要夸孩子勇敢能干，孩子会接受你的夸赞，慢慢接受其不喜欢或害怕做的事情。

常见的回答不能解答孩子内心的疑问，也很难调动孩子对洗头的积极性。

消极的回答 "给你洗就是脏了嘛，问什么问啊！"
"再啰嗦就扔掉你！"

合理的回答 "头发像我们的手、脸一样会脏。你不想洗是因为什么呢？妈妈给你想个好办法，让水不流进你的眼睛里。我们一起去试试吧！"

举一反三

引导思考型——"我们的头发是不是像皮肤一样暴露在外面呢？这样头发也会脏。你为什么不想洗头？害怕水流进眼睛里？我们想想有什么好办法不让水流到眼睛里去？我们一起去试试吧！"

快乐承诺型——"头发就像我们的指甲一样，会有脏东西进去。我们要经常洗，头发才会干净。妈妈今天用一个新的办法给你洗头，保证不会像以前一样让水流到眼睛里去！"

温情传递型——"宝贝儿，空气中有很多灰尘，会黏到皮肤上，头发上也会有！要把灰尘洗掉头皮才不会痒。妈妈今天给你买了一副游泳镜，今天洗头也可以戴上哦！"

温馨提示

洗头时不要让孩子的眼睛碰水，让孩子站着，用一条干毛巾挡住眼睛用水龙头冲，这样很舒服，孩子也不会害怕。当然，也可以利用道具，游泳镜就是不错的选择。

3 "痰为什么不能吐到地上？"

情景再现　轩轩不知从啥时起突然喜欢吐痰。先是偷偷地吐到地上，没人发觉，胆子慢慢大了起来。在幼儿园也往地上吐痰，老师告诉了轩轩妈妈。当妈妈追问轩轩吐痰的原因时，轩轩说："看见爷爷有时吐痰吐到地上，我跟爷爷学的。"原来，轩轩一直是爷爷奶奶带，老人溺爱孩子，不去控制孩子的行为，更没想办法来帮他改正。有时轩轩乱吐痰，爷爷奶奶觉得好玩，还在一边大声笑，这更加剧了孩子乱吐痰的行为。妈妈告诉轩轩，吐痰不能吐到地上。轩轩很诧异地问："痰为什么不能吐到地上呢？"

常见的回答　"把痰吐到地上，警察会来抓你的！"

专家分析

良好的卫生习惯要从幼儿期开始培养，孩子最容易受外界的影响。孩童时期，对周围环境十分敏感，极易受到外界的刺激和影响，并在大脑中留下深刻的痕迹，形成一些定型的概念并逐渐养成行为习惯。所以家长自己要养成良好的卫生习惯，为孩子做好榜样。

常见的回答会给孩子带来恐惧，因为害怕而不再乱吐痰。可是这也会给孩子的健康成长带来阴影，甚至使孩子一看到警察就害怕，害怕因为自己吐痰了警察来抓他。

消极的回答　"我说话你听就是了，哪来那么多的问题！"
"闭嘴！以后不许这样做了！"

合理的回答　"把痰吐到地上是不卫生的习惯，就像乱扔垃圾一样。以后有痰，就吐到垃圾桶或纸巾上！"

三　孩子对卫生习惯的提问

举一反三

循循善诱型——"把痰吐到地上，会影响环境卫生，而且，如果人生病的话，痰里会有细菌，吐到地上会让别人也被细菌感染。你要不要那样做呢？好，我们以后带好纸巾，有痰就吐到纸巾上，然后扔到垃圾桶里！"

设身处地型——"把痰吐到地上，会让地很脏，也容易传播疾病。如果看到别人把痰吐到地上，你会不会喜欢呢？那我们也不要那样做。有痰的话把痰吐到纸巾上，放进垃圾箱里！"

温情传递型——"宝贝儿，把痰吐到地上，连好看的砖也变脏了你说是不是？砖也喜欢干净，这样脏砖会难过，会哭的！我们帮帮它，以后把痰吐到纸巾上，扔到垃圾桶里！"

 温馨提示

家长注意啦！你就是孩子的榜样，所以请养成良好的卫生习惯。要知道，不知不觉中，孩子就会成为另外一个你！

4 "夏天为什么要天天洗澡？"

情景再现　珂珂已经3岁多了，原本她是最喜欢洗澡的。可是上个月，妈妈有一次在帮她洗澡时，一时失手，珂珂在澡盆里摔了一跤，被水呛到了，吓得直哭。从此以后她再也不肯坐着洗澡，帮她洗澡时老是紧紧抱着妈妈的脖子，又哭又闹。还不停地问："妈妈，夏天为什么要天天洗澡啊？"

常见的回答　"夏天出那么多汗，当然得天天洗啊！"

专家分析

孩子不愿意洗澡是因为他们害怕肥皂沫流进眼睛以及有一种莫名的恐惧感，或者他们认为自己用不着洗澡，或者不想让洗澡中断游戏。有时孩子不愿

父母妙答：好孩子的怪问题

洗澡则是因为父母的原因，如房间温度低，父母的手冰凉或动作鲁莽，都会使孩子洗澡时感到不安全。

你的孩子爱洗澡吗？洗澡这个小问题是不是经常让你手忙脚乱？首先请你不要紧张，更不要烦恼。否则，宝宝感受到你的情绪变化之后，他会对洗澡更加抗拒。其实，如果我们在宝宝每次洗澡之前都做好充分准备，让宝宝每次都能享受一个温暖的泡泡浴，那么小宝宝一定会从小就爱上洗澡！

消极的回答 "好好听话，要不然就让你和邻居家的狗去睡！"
"你真是不听话，看隔壁的鑫鑫洗得多好啊！"

合理的回答 "身上出汗了会不舒服，也容易滋长细菌。洗完澡后，你会发现身体很凉爽，很舒服的！"

举一反三

布置任务型——"夏天那么热，身上会出汗是不是？会不会黏糊糊的呀？是不是很不舒服呢？洗完澡后就不会这样了。我们来洗澡吧，看，你喜欢的乒乓球也脏了，你负责给它洗澡好不好？"

快乐承诺型——"宝贝儿，你现在身上黏糊糊的，等你洗干净了，我们就来吃你喜欢吃的西瓜好不好？"

互相交换型——"宝贝儿，夏天出汗很多，身上有很多脏东西！你先去洗澡，出来之后我们玩老师教学生的游戏好吗？"

温馨提示

不管是什么原因，家长都可以帮助孩子享受到洗澡的乐趣。而且要尽量使孩子在洗澡时感到舒适、愉快，并把洗澡当做必需要做的事情。

三 孩子对卫生习惯的提问

5 "为什么每天都要刷牙?"

情景再现 莹莹在9月就要上幼儿园了,莹莹妈妈一直在努力培养她好的生活习惯。莹莹其他习惯都很好,就是一直以来不肯刷牙。刚开始的时候教她,她偶尔会刷几次,大多数的时间都不肯刷,现在小牙齿都是黄黄的,莹莹妈妈担心孩子的牙齿会长不好,就要求莹莹每天都要刷牙。莹莹不满地问:"为什么每天都要刷牙?"

常见的回答 "不刷牙就让蛀牙把你的牙全吃掉!"

专家分析

孩子不肯刷牙,是够家长烦心的事情了。孩子为什么不肯刷牙?有的是孩子不习惯牙膏的味道;有的是孩子不喜欢牙刷,或者牙刷不适合孩子;有的是觉得刷牙会恶心……不管什么原因,都要让孩子养成正确的卫生习惯,让孩子远离蛀牙。

常见的回答会让孩子很害怕。但是过了一段时间孩子发现牙还没有被吃掉,就会怀疑家长的话,认为家长在骗他。

消极的回答 "你不刷牙可以,我把你的牙全弄下来!"
"你要是不刷牙,警察就要来啦!你听,警察在敲门啦!"

合理的回答 "我们每天吃东西,牙齿里会残留一些食物,这样会引来蛀牙。我们把牙刷干净,就不会有蛀牙了。"

举一反三

引导思考型——"我们是不是每天都会吃饭呢?吃过饭牙缝里就会有食物残留。如果不刷牙,引来蛀虫怎么办?要不要刷牙呢?"

快乐导向型——"吃过饭后,牙齿缝里会有小东西,就会长蛀虫。我们来把小东西刷掉好不好？妈妈今天给你买了好用的新牙膏！"

温情传递型——"不刷牙牙齿就会长蛀牙！我们来听一首歌，看其他小朋友是怎么刷牙的，我们来跟着学！"

温馨提示

许多孩子认为，刷牙是爸爸妈妈要求的，不是自己愿意刷的。而且不刷牙一点也不影响吃东西。对这样的孩子，父母要向孩子说明刷牙的好处，给孩子形象地讲清楚刷牙的目的是保护牙齿健康，预防虫牙及其他牙病，如果不刷牙有了龋齿会有什么坏结果。

6 "为什么每天都要洗脸？"

情景再现 2岁的童童早上起床，说什么也不愿意洗脸。每天早晨给童童洗脸，童童妈妈总是要苦口婆心地劝告，不停地诱惑，甚至连威逼都用过。可是童童总爱哭，不愿洗。还一脸可怜地问："妈妈，为什么每天都要洗脸啊？"

常见的回答 "不洗脸怎么见人啊！"

专家分析

孩子不愿意洗脸应该有他的原因，或是因为水弄到眼睛里了，或是影响到呼吸了，或是香皂的气味孩子不喜欢。家长可以跟孩子好好沟通，把这些问题解决后，孩子就会好好洗了。

常见的回答会让孩子很困惑，觉得自己不洗脸一样可以见别人。家长在回答孩子的这类问题时，不能带着情绪而不管孩子的接受能力。

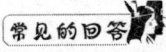 "不洗脸的话，脸就会烂掉，难看死了！"
"连脸都不洗，以后你还能干什么呀！"

三 孩子对卫生习惯的提问

合理的回答 "脸上每天都会有灰尘啊！不洗的话，脸就会越来越黑，越来越脏，其他小朋友都不愿意跟你玩，你愿意这样吗？"

举一反三

引导思考型——"空气里的灰尘会落到我们的脸上，是很脏的。你为什么不想洗脸呢？是不喜欢这个毛巾吗？如果不洗脸的话，你想想会怎么样呢？你想让你的脸和落满灰的地一样吗？是不是洗脸的话就不会那样了呢？妈妈带你去买个新毛巾，以后好好洗脸，好吗？"

快乐承诺型——"不洗脸的话，就会变成脏花猫哦！洗完之后，就会变成大帅哥啦！我们今天用小白兔的毛巾来洗脸，让自己像小白兔一样干净好不好？"

真相展示型——"你看镜子，你的脸上有很多菜汤哦！这样出门别人会说你不讲卫生的！我们把这些脏东西洗掉，放心地出去玩好吗？"

温馨提示

孩子往往愿意去做自己感兴趣的事，所以家长要调动孩子对洗脸的兴趣。比如，家长做个示范，把洗脸和玩结合起来，引起孩子的兴趣。

7 "为什么上完厕所要擦屁股？"

情景再现 亮亮两岁七个月了，现在每次大便完后，不是两脚伸得直直，就是直接拉上裤子不让擦屁股，还大哭乱颠，家长抱住他也不让擦，好像很害怕的样子。每次妈妈劝他擦屁股，他都会迷惑地问："为什么上完厕所要擦屁屁？"

常见的回答 "气死我了，你真是个笨蛋！"

父母妙答：好孩子的怪问题

> **专家分析**

孩子提出这个问题，是他不想擦屁屁。孩子不肯擦屁屁，肯定是有原因。家长要观察一下孩子的肛门处有没有破裂或受伤的情况。如果没有，就要观察孩子是不是便秘，询问孩子拉大便会不会疼。找到原因，才能找到给孩子擦屁屁的最好办法。

常见的回答容易挫伤孩子的自尊，并且使孩子对擦屁屁产生恐惧心理，让孩子更加不敢擦屁屁。

消极的回答 "不擦屁屁就把你扔厕所里面去！"
"不擦屁屁的话，我就不要你了！"

合理的回答 "宝贝儿，别着急，你为什么不要擦屁屁呢？怕疼啊？让妈妈来看看，没有伤口啊！妈妈用湿纸巾轻轻地擦好不好，保证不会疼！"

> **举一反三**

引导思考型——"宝贝儿，你是害怕擦屁屁吗？为什么害怕呢？要是脏屁屁不擦，会有很多细菌围着屁屁的。我们用温水来洗好不好呢？就像洗澡一样。

快乐承诺型——"宝贝儿，屁屁脏了就要擦。妈妈用香香的湿纸巾帮你擦，一点儿都不会疼的！"

温情传递型——"宝贝儿，拉过便便屁屁就脏了，是一定要擦的！妈妈用温水给你洗洗，然后用毛巾擦干好吗！一点都不疼的，妈妈会很轻地擦……"

> **温馨提示**

孩子上完厕所，要用轻松的语气对他说："宝贝儿，来趴在妈妈的膝盖上，让妈妈看看你的脏屁屁。"然后用湿纸巾擦拭，注意要消除孩子的紧张情绪。

三 孩子对卫生习惯的提问

8 "指甲可以不剪吗?"

情景再现 渺渺快4岁了,可是她好怕剪指甲。每一次剪指甲都需全家人出动才能进行,孩子看到指甲剪就会哭着躲起来,怎么哄骗就是不愿意剪。剪时哭得特别厉害,剪多久哭多久,哭得全身是汗,声音嘶哑,甚至呕吐。每次她可怜兮兮地被抓着剪时就会问:"妈妈,指甲可以不剪吗?"

常见的回答 "指甲长长了就要剪啊!"

专家分析

孩子不肯剪指甲可能有自己的原因,比如:害怕指甲钳、以前剪指甲受过伤、不想被妈妈打断玩游戏等等。家长可以跟孩子好好沟通,寻找原因。然后找到合适的办法帮孩子剪指甲。

消极的回答 "再不剪就没人要你了!"
"不剪指甲的人会被抓到警察局关黑屋子!"

合理的回答 "宝贝儿,指甲里有很多细菌,不小心吃到肚子里肚子会疼的。你为什么不想剪指甲呢?妈妈用指甲钳轻轻地帮你剪,不会疼的。你也可以闭着眼睛不看嘛!"

举一反三

引导思考型——"宝贝儿,你看指甲不剪是不是有很多黑黑的东西呢?这黑黑的东西里面有很多细菌,它会让你生病的!妈妈轻轻地给你剪,保证不会疼!"

快乐承诺型——"宝贝儿,指甲长了就要剪嘛!来,妈妈小心地帮你剪,绝对不会疼的!剪完我们洗手,吃你喜欢吃的柚子,好不好!"

循循善诱型——"宝贝儿,你看指甲里这些黑的东西,就是很多细菌啊!

父母妙答：好孩子的怪问题

我们把指甲剪了，细菌就不能待在这里了。妈妈一边给你剪，你一边看动画片好吧！"

温馨提示

给孩子剪指甲，孩子会不停地动或者根本不配合。没关系，等他睡着了，随便你怎么剪。当然要注意安全，不要惊醒孩子！

9 "为什么要换衣服？"

情景再现 4岁的男孩虎虎，上幼儿园总是爱穿同一套衣服和鞋，要是说给他换的话，平时很乖的他就闹得不得了，哭呀，躺地上耍赖呀……平时和他讲道理，他都会很乖地听，各种方法都用过，当时他也会同意。但到了第二天早上，还是不肯穿其他衣服去幼儿园。经常可怜兮兮地问妈妈："为什么要换衣服啊？"

常见的回答 "衣服脏了就要换嘛！"

专家分析

孩子不肯换衣服，是他的心理原因造成的。家长首先应该跟孩子耐心地讲道理，弄清楚他为什么要这样做。孩子喜欢这套装束，可能是曾经得到过某位老师或某个小朋友的赞许，对孩子的触动比较大，后来家长要求更换时，孩子自然不乐意。如果是这样，不妨"顺水推舟"，暂时鼓励孩子继续穿，多夸奖，然后再渐渐地转移，比如说那套衣服洗一洗熨烫后效果会更好……

有的孩子并不是不喜欢换衣服，而是缺乏安全感。家长要注意平时与孩子的交流，仔细观察孩子，比如让孩子扮作妈妈或老师、你扮作孩子的游戏，找出孩子对哪些事情或者对家长、老师的哪些言行感到不安全，从而找到解决问题的方法。

三　孩子对卫生习惯的提问

消极的回答　"再不换衣服就把你的衣服全都扔掉！"
"我要喊警察来抓不乖的孩子，不换衣服就是不乖！"

合理的回答　"衣服老穿着，会有很多脏东西钻进衣服里，会让人生病的！你不喜欢妈妈给你的这套衣服吗？那我们来找你喜欢的干净衣服吧！"

举一反三

引导思考型——"宝贝儿，衣服很久不洗是会变脏的，不换的话，会让你生病的，你愿意生病吗？我们来换一套干净的你喜欢的衣服，好吗？"

未来承诺型——"宝贝儿，把这套脏了的衣服换下来，洗干净之后，就又可以穿了，你想不想穿这套衣服呢？愿意，那就赶快换下来吧！"

自己选择型——"宝贝儿，衣服穿很久就会脏。其他的衣服，你喜欢哪套呢？妈妈给你参谋一下，这套蓝色的很好看！来，我们穿穿看。"

温馨提示

总的来说，孩子不肯换衣服，不能硬逼，要多给孩子时间，让他慢慢学会改变。

10 "鞋子为什么要刷干净？"

情景再现　下雨天，松松穿的鞋子粘了泥浆，一到家，妈妈就给松松脱掉鞋子拿去刷。松松看着妈妈忙碌，蹲在旁边看了半天，歪着头问："妈妈，鞋子为什么要刷干净？"

常见的回答　"脏鞋子就要刷嘛！"

专家分析

"鞋子为什么要刷干净？"——不要取笑孩子问出这样的问题。孩子是最懂得寻找"神奇"的,因为那些"神奇"能占据孩童的心灵。孩子因为发现"神奇"的喜悦而使其永无止境地学习,这就是孩子成长的条件。孩子对生活细心地观察,从而找到产生疑问的答案。

保护孩子的好奇心,为孩子的健康成长保驾护航。

消极的回答 "你就是个傻瓜!"

"问这样的蠢问题,真是让我担心啊!"

合理的回答 "你观察得真仔细。鞋子脏了赶快刷干净,晾干就可以接着穿啦!"

举一反三

引导思考型——"鞋子脏了为什么要刷?你想想看。要是鞋子脏了不洗行不行?是不是衣服脏了就要洗呢?鞋子也跟衣服一样,脏了要洗干净才能穿哦!"

快乐承诺型——"鞋子太脏了,脚穿着会不舒服的。我们把它刷干净晾干,就又可以穿着这双鞋子出去玩啦!"

温情传递型——"鞋子太脏了穿着是不是不好看?脚也会不舒服吧?我们把它刷干净晾干,鞋子还会像以前一样漂亮的!"

温馨提示

好奇心总是伴随着美好的童年。让孩子自由地保持他的好奇心,他会给你意想不到的惊喜!

四　孩子在餐桌上的提问

1 "人为什么要吃饭？"

情景再现　妈妈辛辛苦苦做了一桌子的好饭菜，招呼爸爸和添添过来吃。添添正在玩游戏玩得可开心了。一听到要吃饭，半天才磨磨蹭蹭地走到餐桌边来，还问妈妈："为什么人要吃饭呢？"

常见的回答　"不吃饭？饿死你！"

专家分析

孩子不想过来吃饭，提出这个问题，是孩子的兴致还在游戏里。很明显，家长没能够及时地给孩子提醒，告诉他："5分钟后要吃饭了。"

不管孩子在干什么，家长都可以提前告诉孩子："×分钟后，我们就要吃饭了。"给孩子提醒，可以让孩子提前有个思想准备，也好做饭前准备，比如上厕所、洗手等。

消极的回答　"你不吃就别过来。"
"再不好好吃就告诉你老师。"

合理的回答　"吃饭是为了让自己有力气玩，你吃过饭不是还要玩那个游戏吗！"

举一反三

引导思考型——"你不吃饱饭怎么有力气玩游戏呢？来，边吃饭边告诉我们，你在玩什么游戏？"

美食诱惑型——"不吃饭肚子饿。宝贝儿，今天做了你喜欢吃的鲫鱼萝卜汤，要吃趁早哦！"

引导协作型——"人不吃饭，做什么事情都没有力气！宝贝儿，吃过饭让爸爸加入你的游戏怎么样？"

温馨提示

孩子玩到兴头上被打断是很让孩子不高兴的事情。饭前要培养好的餐桌环境，家长要努力让餐桌气氛变得轻松起来。

2 "为什么吃饭时不能大笑？"

情景再现 到了吃饭的时间啦！敏敏一家都端坐餐桌旁，一边吃饭一边说些有趣的事情。碰到有趣的情节，大家都笑了起来。可是刚笑到一半，奶奶就被呛到了，不停地咳嗽、捶胸，连眼泪也流出来了。大家都吓坏了。过了好一阵，奶奶才好了。这时候，爸爸说："以后吃饭不要大笑了。"敏敏好奇地问："为什么吃饭的时候不能大笑呢？"

常见的回答 "吃饭时大笑容易呛到啊！"

专家分析

人们吞咽食物时，喉上升，会厌软骨向后倾斜，将喉门盖住，食物顺利进入食管。下咽动作完成以后，会厌软骨又恢复直立状态，进行呼吸。吃饭时大笑会使会厌软骨无所适从，导致食物"呛"入食管的事故发生，严重时可导致吸入性肺炎。

四 孩子在餐桌上的提问

吃东西的时候，尽量少说话，不要笑，否则很容易将异物吸入气管。尤其是儿童，他们的气管还没有发育完全，一旦异物进入，往外取时会非常麻烦。所以在孩子吃饭的时候，不要逗笑。

消极的回答 "你没看到吗？刚才奶奶都被呛到了。"
"闭嘴，好好吃饭！"

合理的回答 "吃饭时大声说笑是很容易呛到的。我们大家以后都要小心，被呛到是很难受的。"

举一反三

引导思考型——"吃饭说笑容易呛到，呛到是很难受的。刚才你也看到了，奶奶很难受对不对？你知道怎样会被呛到吗？要是吃饭吃得太快会怎么样呢？"

吸取教训型——"吃饭说笑容易被呛到。我们以后可以讲一些不逗笑的事情。"

树立榜样型——"宝贝儿，吃饭说笑很危险，呛到就很难受！所以吃饭时不要大笑，也尽可能地细嚼慢咽，就像我这样，吃饭也要注意安全啊！"

温馨提示

有轻松的餐桌环境，才能让进餐愉快地进行。可是不能轻松过头，逗人大笑，以免产生严重的后果。同时，也要学习一些急救措施，以备不时之需，家长对此一定要注意！

3 "为什么鱼肉会有刺？"

情景再现 胖胖3岁多了，这个小家伙胃口极好，特别是那些有营养的、好吃的，样样都爱吃，特别爱吃鱼。隔几天见不着鱼肉了，胖胖都会要求妈妈做。于是，鱼成了胖胖一家餐桌上的"常客"。

今天和往常一样，妈妈负责给胖胖剔除鱼刺后，再把肉夹到胖胖的小碗里。胖胖吃得可香啦！忽然耳边"哇"的一声，胖胖的小嘴咧得好大。"哎哟，宝贝儿，怎么了？"胖胖爸说："准是卡到鱼刺了！""快，吃几口馒头压下去。"妈妈掰下几块馒头让胖胖吃下去，胖胖照做了。可是全咽下以后，还是说嗓子眼里有东西扎。"疼得厉害吗？"胖胖咽了几下口水，似乎点了点头，又摇了摇头。胖胖爸爸一贯大大咧咧的，说："不怎么疼就没事儿，过两天吃几顿饭，再喝点醋就下去了。"胖胖哭着说："为什么鱼肉会有刺？"

常见的回答　"鱼本来就长刺嘛！"

专家分析

鱼类所含的DHA，在人体内主要是存在脑部、视网膜和神经中。DHA可维持视网膜正常功能，婴儿尤其需要这种养分，促进视力健全发展；DHA也对人脑发育及智能发展有极大的助益，亦是神经系统成长不可或缺的养分。

鱼肉富含的蛋白质，可以帮助幼儿、儿童及青少年生长发育，生病或身体有伤口的时候，也可以帮助复原及愈合。鱼肉的蛋白质，肌纤维构造比较短，结缔组织也比较少，所以鱼肉吃起来较其他畜肉细致嫩滑，也较容易消化，非常适合幼儿食用。可是在给幼儿喂食时，需要仔细把刺挑出来，或者买刺少的海鱼喂食。

消极的回答　"鱼肉有刺，以后不要吃鱼了。"
"鱼真坏，长刺来扎我的宝宝，打它！"

合理的回答　"宝宝，鱼肉有刺但是很有营养。是妈妈不好，没有将鱼刺剔干净。下回妈妈给你买少刺的鱼吃，就不会扎到了。"

举一反三

引导思考型——"鱼肉虽然有刺，但是很好吃，而且很有营养。你知道鱼的哪个部位骨头少好剔吗？是鱼背吗？是鱼尾巴吗？是鱼肚子吗？对，是鱼肚子。妈妈以后专门给你吃鱼肚子上的肉，那样就不会被扎了。"

快乐承诺型——"鱼肉虽然有刺，但是将刺剔干净就没事了。鱼肉很有营养,也很好吃对不对?下回妈妈给你做鳕鱼汤,鳕鱼好奇怪哦,它的刺是软的,不会扎人!"

吸引注意型——"宝贝儿,鱼肉有刺,但是好吃又有营养!妈妈下回给你把鱼刺剔干净就不会被扎了。妈妈在超市看到一种鱼,眼睛长在一边,好奇怪啊!下次我们买这种鱼吃试试!"

 **温馨提示**

鱼肉好吃但有刺。怕鱼刺卡着宝宝的妈妈可以给宝宝选择罗非鱼、鳕鱼、青鱼、鲶鱼、黄花鱼、比目鱼、马面鱼等。这些鱼肉中几乎没有小刺。吃带鱼时先去掉两侧的刺,就只剩中间与脊椎骨连着的大刺了,也很好剔除。吃鲈鱼、鲫鱼、鲢鱼、胖头鱼、武昌鱼时,可让宝宝吃鱼腹肉,这些部位的肉没有小刺,可以放心给宝宝吃。

4 "为什么你们用筷子我用勺子?"

情景再现 星期六中午,安安和爸爸、妈妈一起共进午餐,安安突然问道:"妈妈,为什么你们用筷子吃饭,我用勺子吃饭呢?"

常见的回答 "因为你现在还小,还不能使用筷子,只能用勺子吃饭。"

专家分析

如果你的孩子问这个问题,你应该感到高兴。为什么呢?因为你的孩子发现了小孩与成人之间的不同之处,并对之感到好奇。这是一个很好的教育契机,这时,你可以和孩子一起探讨成人与孩子之间的更多的不同之处,同时,还可以引导孩子学习使用筷子。

父母往往用"因为你还很小,所以你不能××"来回答这类问题。父母的回答过于笼统,往往无法满足孩子旺盛的好奇心。"小"对孩子来说,是一个很抽象的概念,他们很难理解其真正的含义。而且,这样的回答会给孩子一个心理暗示，那就是他没有能力使用筷子，有可能会挫伤孩子学习使用筷子的兴趣。事实上，孩子3～4岁的时候，是学习使用筷子的大好时机，这个时候，应该肯定孩子的能力，并鼓励他学习使用筷子。

消极的回答 "好好吃饭，问那么多干吗！"
"因为小孩只能用勺子！"

合理的回答 "因为爸爸妈妈是家长，能用筷子吃饭，你是小朋友，要先用勺子吃饭。等你长大一点，学会用筷子吃饭了，就能像我们一样了。"

举一反三

引导思考型——"宝贝儿，你真细心，居然能发现爸爸妈妈和你使用的餐具不一样。你拿妈妈的筷子试一试，有什么感觉？能夹起菜吗？为什么夹不起来？因为小朋友的手的力量小，而且不够灵活，所以用筷子吃饭会有困难。

循循善诱型——"宝贝儿，等过一段时间，你再长大一点，妈妈就教你用筷子，那时，你就能和我们一起用筷子吃饭了。"

柔情赞赏型——"宝贝儿，你真聪明，你居然发现了你和爸爸妈妈使用了不同的餐具。"

温馨提示

当孩子提一些他能力所不及的事情时，家长要婉转地告诉孩子原因，而不是直接否定孩子的能力。回答之余，及时抓住教育的契机，往往能收到意想不到的效果。

5 "为什么不能用手抓菜？"

情景再现 欢欢已经2岁了，不知从什么时候开始竟用手到盘子里抓菜吃。在自己家吃饭是这样，去别人家吃饭也是这样。给她勺子不用，筷子又用

四 孩子在餐桌上的提问

不好。欢欢妈妈告诉欢欢："不能用手抓菜吃哦！"欢欢瞪着大眼睛，歪着头好奇地问妈妈："为什么不能用手抓菜吃呢？"

常见的回答 "你看大家都是用勺子或筷子吃饭，有谁用手来抓的！"

专家分析

吃饭对宝宝来说不仅仅是吃饭这么简单，那也是他探索周围世界的一个很好的机会。所以，只要有可能，每个宝宝都会有一个抓饭抓菜的过程。家长要耐心地训练宝宝用勺子，给宝宝讲一些简单的卫生道理，这个时期很快就会过去的。

消极的回答 "用手抓菜吃，大家都会笑话你的！"
"警察会来抓用手抓菜吃的小朋友的！"

合理的回答 "宝贝儿，你会自己吃饭，真是很棒啊！可是，用手吃饭不卫生，肚子会疼。这样吧，妈妈给你一把勺子，我们用这把勺子吃饭，就不会肚子疼了。"

举一反三

树立榜样型——"宝贝儿，你会自己吃饭，真是很厉害哦！可是宝宝长大了，要慢慢学会用勺子了。你看，大家是不是都不用手抓着吃呢？我们今天来学习用勺子吧！"

快乐赞美型——"宝贝儿自己吃饭，真棒！要是能用勺子吃，就更棒啦！来，妈妈给你一把最漂亮的勺子！"

循循善诱型——"宝贝儿，你自己吃饭吃得真好！我相信，你用勺子一定也能学得很快！来，跟妈妈学，用勺子吃饭……"

 **温馨提示**

当孩子自己吃饭时，要及时给予表扬，即使孩子把饭吃得乱七八糟，还是应当加以鼓励，并借机让其学会使用勺子。

6 "米饭是怎么来的？"

情景再现 五岁半的怡然最喜欢吃米饭了，每次吃饭前，她都要深呼吸，然后感叹地说："米饭真是太香了！"每到这个时候，怡然妈妈就很欣慰，女儿乖巧懂事，是她的一大骄傲。今天，怡然妈妈煮了香喷喷的绿豆米饭，更是引得怡然口水直流。怡然一边吃着香香的绿豆饭，一边问妈妈："米饭是怎么来的？"

常见的回答 "用米蒸熟了就是饭了嘛！"

专家分析

"米饭是怎么来的？"这个问题要让在城市里长大的孩子来理解，还真是很困难。不过，兴趣是教育的基础。既然孩子问到这个问题，就是一个教育的机会，不容错过。家长可以就孩子的理解能力，适当地做些讲解，也不要忘记教育孩子节约粮食。

消极的回答 "笨蛋，怎么问这样傻的问题！"
"米蒸好就变成饭了，你真笨啊！"

合理的回答 "宝贝儿，这个问题可真不好回答！米饭是农民伯伯种的水稻成熟后，收割、晒干后，碾成米，我们买来米之后蒸好，才成了香喷喷的米饭。是不是很复杂呀？农民伯伯种田很辛苦，我们要好好节约粮食！"

举一反三

引导思考型——"米饭是怎么来的？这是一个很好的问题呢！米饭是米蒸熟的，可是米又是怎么来的呢？……"

鼓励探讨型——"你问的问题真是很难回答啊！这样吧，我们吃完饭后，好好来探讨这个问题吧！"

解决问题型——"宝贝儿,你的这个问题问得真是太好啦!我们吃过饭后,一起来找答案好不好?"

温馨提示

水滴石穿,机会教育的目的就是利用每一个机会来教育孩子,让孩子更睿智、更成熟。家长可不要错过这个机会。

7 "我不想吃肉,行吗?"

 4岁的治治爱吃蔬菜和水果,爱吃的蔬菜、水果品种较多,黄瓜、豆芽、小白菜、大白菜、豆角、苹果、香蕉、橙子等等,都是他的最爱。但是却很少吃肉食。治治妈总觉得他现在还小,长大了自然会好,因此也没有太多的担心。治治牛奶每天也照喝不误,米饭、面条、粥、热干面都吃,每餐的量也不少。可是治治最近得了秋季腹泻后一直偏瘦,一次体检,医生说:"你家孩子贫血,抵抗力低,容易感冒生病,在饮食上一定要注意,多吃红色的肉和含铁量丰富的蔬菜。"回家后,治治妈妈马上付诸行动,蔬菜立马上了,治治也积极配合,很爱吃,可是对于肉,治治总是不吃。每当妈妈给他准备肉菜的时候,治治就会问:"妈妈,我不想吃肉,行吗?"

常见的回答 "不吃肉可不行啊!"

专家分析

肉类是蛋白质的主要来源,孩子长期不吃肉会影响发育,应当想尽一切办法让孩子吃肉,多鼓励孩子。

孩子不吃肉可能与家长的烹饪方法有关,一般肉类烹饪时如果没有加姜、蒜、绍酒等佐料,肉里特有的肉腥味会无法除去,影响宝宝的食欲。另外,家长还可以试试把肉和宝宝喜欢吃的粗纤维蔬菜一起剁碎烹饪,也许他就会喜欢吃了。

消极的回答 "你真傻,吃菜不吃肉!"
"你再不吃肉我就不要你啦!"

合理的回答 "宝贝儿,肉可是必须吃的哦!不过你可以每次少吃一点。"

举一反三

引导思考型——"宝贝儿,你看医生都要你吃肉,不吃肉容易生病,你不喜欢生病吧?那么要不要吃肉呢?我们先试着吃一小口……"

快乐游戏型——"宝贝儿,肉可不能不吃。咱们来玩你最喜欢玩的吊车游戏吧。你的嘴巴是吊车,肉是货物,我来送货物了,吊车张开大嘴……"

温情传递型——"宝贝儿,肉是必须吃的!张开嘴巴,这是一口大鲨鱼饭,快吃掉大鲨鱼,别让它去吃你喜欢的海星……"

温馨提示

孩子不吃肉,也不要过于着急,毕竟习惯不是一天养成的。家长可以从少到多给孩子吃,也要多给孩子鼓励,让他有成就感。

8 "我吃不了那么多饭怎么办呢?"

情景再现 5岁的强强每次吃饭都让妈妈很担心。强强现在每天吃四顿饭,每顿饭吃一小碗米饭和一些菜。可是强强妈妈害怕强强饿着,老认为强强吃得太少了。每次都给强强盛很多饭,强强说:"妈妈,我吃不了那么多饭怎么办呢?"

常见的回答 "哪里会吃不了,不要偷懒!"

四　孩子在餐桌上的提问

专家分析

家长普遍认为孩子吃得太少，几乎没有认为吃得多的。可这些被认为吃饭有问题的孩子，只有极少数存在因吃得太少以致营养素摄入不足的问题，大多数无论是热能和营养素的摄入量以及体格生长都是正常的。

其实，只要孩子体检表明体重、身高都正常，父母就不必多虑，说明孩子不需要吃这么多。

消极的回答　"你就知道说谎，怎么会吃不了？"
"这没有多少，必须吃完！"

合理的回答　"宝贝儿，别担心。妈妈帮你扒掉一些，你先吃，不够了再盛。"

举一反三

承担责任型——"宝贝儿，你能吃多少就吃多少。不过，要让自己吃饱哦！要不然，就要饿着肚子直到下一顿饭开饭的时间啰！"

快乐引导型——"宝贝儿，慢慢吃，能吃多少是多少。今天我真是饿了，宝贝儿，我们来比赛，看谁吃得多。我今天想要吃两碗饭呢！"

榜样力量型——"宝贝儿，不用着急，你先吃，能吃多少就吃多少！今天做的菜好香啊，我忍不住要吃了……"

温馨提示

吃饭应该是全家共享美食的好时光，建议家长轻松对待，对孩子吃多少、吃什么宽松一点，可以引导，切忌强迫。在关注孩子饭量的同时，更应该准备营养丰富的食物、营造愉快的就餐环境、培养孩子吃饭的兴趣和动手能力。

9 "为什么爸爸能吃辣椒而我不敢呢?"

情景再现 蒙蒙4岁了,很多菜都喜欢吃,可是就是不敢吃辣的菜。家里做菜都要提前给她铲出来一些再放辣椒。蒙蒙爸爸很喜欢吃辣椒,每次都吃得特别香。蒙蒙觉得很奇怪,她问:"妈妈,为什么爸爸能吃辣椒而我不敢呢?"

常见的回答 "你还是小孩子嘛!不吃也没关系!"

专家分析

也许你不会想到,辣味原来对孩子也有好处。适量给孩子食用带辣味的东西,有预防儿童期肥胖的作用。生姜、丁香、胡椒、芥末都显示出了燃烧脂肪的特性,从而加快了新陈代谢,而且辣椒有健胃、助消化的功能,它含有一种叫辣椒素的成分,对口腔及胃肠有刺激作用,能增强胃肠蠕动,促进消化液分泌,使食欲改善

在宝宝吃饭不香,饭量减少时,可以在菜里放上微量辣椒,就能改善其食欲,增加其饭量。

消极的回答 "小孩子不要吃辣椒!"
"你真胆小!"

合理的回答 "辣椒是有些辣,可能你还不适应。如果你慢慢地学着吃,也会觉得辣椒特别香的!"

举一反三

引导实践型——"辣椒是有点辣,可是也很香。吃完辣椒如果觉得辣的话,吃米饭就会不辣了!来试试看吧!"

逐步积累型——"宝贝儿,今天做的是柿子椒,一点都不辣,红红的柿子

椒吃起来还真有些甜呢。你先吃一点试试。"

展示历程型——"宝贝儿，爸爸小时候也不敢吃辣椒！长大了他才开始学着吃辣椒，现在已经离不开辣椒了。你现在要不要试试，是很香的！"

温馨提示

当父母吃辣椒吃得很香时，孩子一般会对它产生好奇心理，这时可以拿不辣或微辣的辣椒给他先感受一下。

10 "我边吃饭边看电视可以吗？"

情景再现 喂孩子吃饭是许多妈妈头痛的问题。每到吃饭时间，孩子就满屋乱跑，那混乱的局面俨然是在打仗，你追我赶，结果还是让家长不满意，人累坏了，孩子饭量却不大，该怎么办呢？东东妈妈一直是这么做的，东东喜欢看动画片，东东妈妈就在吃饭时段播放动画片。东东总是看得目不转睛，一匙一匙的饭吃个不停，一会儿整碗盛满的饭就吃光了。现在到了吃饭的时候，东东就会说："妈妈，我边吃饭边看电视可以吗？"

常见的回答 "唉，你吃饭那么困难，还是边看边吃吧！"

专家分析

边吃饭边看电视虽然很轻松悠闲，但很容易在不知不觉中吃下过量的食物。晚餐时电视中放的大多是动画片，许多小朋友由此养成了喜欢在吃饭的时候看电视的习惯。但医学专家表示，这样做会对儿童的体重造成负面影响。边吃饭边看电视，往往会在进食时摄入更多高盐食物和碳酸饮料，却较少吃水果和蔬菜。

常见的回答会让孩子养成不良的就餐习惯。在保证孩子用餐量的同时，也要养成良好的习惯，为孩子的健康作出努力是值得的。

消极的回答　"你就看吧，拿你有什么办法呢？"

"你已经无药可治了，不说你了。"

合理的回答　"宝贝儿，边吃饭边看电视是不好的习惯，吃饭要到餐桌前吃。

我们一起去吃饭吧，爸爸都要开始吃了！"

举一反三

循循善诱型——"宝贝儿，吃饭的时候，看着饭菜吃着才会很香哦！我们一起去餐桌边吃，今天有好吃的菜哟！"

快乐承诺型——"宝贝儿，吃完饭再看电视。现在吃饭，等吃完饭，正好是播放动画片的时间，到那时候你就可以专心地看电视啦！"

制定规则型——"宝贝儿，吃饭的时候要到餐桌边来，我们都是这样的！我知道，今天的动画片可精彩了，可不能错过了哦。快来，吃完饭就可以看了！"

 温馨提示

进餐前，请关掉电视。

11 "我玩会儿再吃饭好吗？"

情景再现　欣欣4岁了，是个喜欢玩的漂亮女孩子。今天，她正在玩积木，这是她最喜欢玩的玩具了。还有一会儿她就可以搭好了，可是妈妈却在喊她吃饭了。眼看饭菜都上了桌，欣欣急了，说："妈妈，我还有一会儿就搭好了。我玩一会儿再吃饭可以吗？"

常见的回答　"吃饭的时间赶快吃饭！"

四　孩子在餐桌上的提问

专家分析

　　孩子玩得正在兴头上，而且用不了多少时间就可以完成了。家长可以根据情况，跟孩子约定玩一会儿再吃饭。这样孩子玩完游戏，才能全身心地放心吃饭。

　　常见的回答太过于呆板。有的时候，给孩子一定的时间，孩子会比你想象中的更优秀。

消极的回答　"再不来就不让吃饭了。"
"怎么总是拖拖拉拉的？快来吃，不许玩了！"

合理的回答　"可以，可是你要答应搭完积木赶快洗手来吃饭哟！"

举一反三

　　提高速度型——"可以，不过要快些哟！看看我收拾厨房快，还是你搭积木快！"

　　快乐承诺型——"好的！玩完了洗手过来吃饭。"

　　温情传递型——"好的，宝贝儿！但是要赶快，要不饭就凉了。"

温馨提示

　　孩子有玩兴是很正常的，家长在不违背原则的前提下，可以适当给孩子时间和空间，孩子会做得很好的！

12 "我不吃饭，行吗？"

情景再现　树树5岁了。不管是在幼儿园还是在家里，树树的饭量都很小。树树妈妈觉得树树饭量小，可能会影响长个子，就想方设法地给孩子喂饭。每次树树都是吃到恶心想吐，树树妈妈才不再喂饭。今天早上，树树妈妈

父母妙答：好孩子的怪问题

也是这样。到了中午吃饭时间，树树妈提醒树树该吃饭了，可是树树不想吃了。他说："妈妈，我不吃饭行吗？"

常见的回答 "不吃饭可不行啊！"

专家分析

家中的宝宝不肯在吃饭时间乖乖地吃饭，与父母本身的态度有密不可分的关系。"肚子饿了，便想吃饭"这是每个人与生俱来的本能，如果孩子的肚子真的很饿了，就不会有不肯吃饭的问题。家长应该知道孩子真正的需要，并能理解孩子的行为，才能正确应对孩子的吃饭问题。

消极的回答 "你要是不吃饭，我就不理你了。"
"今天你必须吃完这碗饭，否则什么都不许做！"

合理的回答 "如果你不饿，你可以不吃饭。可是直到下顿饭正常开饭的时间，你只能吃水果和喝水，其他的东西都不能吃。你可以做到吗？"

举一反三

承担责任型——"如果你不吃饭，直到晚饭时间，你都不能吃零食，只能吃水果和喝水。这样你还是决定不吃的话，那就可以不吃。"

快乐承诺型——"可以啊！当然直到吃晚饭你都没有零食吃噢！"

温情传递型——"宝贝儿，你好好考虑噢！直到吃晚饭，你才能吃东西，这中间只能吃水果，喝白开水。这样，你还是不吃饭吗？"

 **温馨提示**

孩子提出不吃饭，千万不要紧张、焦急。吃饭是孩子自己的事情，孩子有权选择。当然，家长也可以适当限制条件。但如果孩子依然选择不吃饭，那就让孩子自己做主吧！

五 孩子对日常交往的提问

1 "我的玩具为什么要给他玩?"

情景再现 今天妞妞家来了客人,妈妈的同事带着她的儿子虎虎来看妞妞。妞妞一直很热情地招呼虎虎,还跟他一起玩跑步比赛。可是当虎虎想要玩妞妞的新玩具——一辆遥控卡车时,妞妞就不乐意了。只见妞妞死死地抱住卡车,动都不让虎虎动。虎虎也喜欢这辆崭新的卡车,就动手去抢。妞妞妈妈告诉妞妞要将玩具借给虎虎玩时,妞妞满腹委屈地问:"妈妈,我的玩具为什么要给他玩?"

常见的回答 "你是主人,虎虎是客人,主人的玩具当然要给客人玩啦!"

专家分析

孩子抢玩具,这是令家长很烦恼的一个问题。现在的独生子女,由于家长的宠爱,孩子心安理得地享受着一切,不会也不愿意与他人分享。所以家长平时要注意培养孩子与人交往的能力,让孩子感受分享带来的快乐。

在家庭中,家长要与孩子成为平等的关系,让孩子学习感受轮流、交换、等待等,有意识地培养孩子的分享意识,并及时告诉孩子,这样做会给别人带来快乐的感觉。

消极的回答 "闭嘴,把玩具给虎虎!"

"你必须把玩具给虎虎玩,不给的话,你的玩具我都送给虎虎。"

合理的回答 "如果你去虎虎家做客,虎虎的玩具不给你玩,你会伤心吗?现在虎虎想玩你的玩具,你不给他玩,以后你去虎虎家,虎虎的玩具也不给你玩,你该怎么办呢?我们把玩具借给虎虎玩,你可以玩其他的玩具,或者跟虎虎一起玩,好吗?"

举一反三

换位思考型——"宝贝儿,你还记得上次去广场,你喜欢一个小朋友的扭扭车吗?可是那个小朋友不借给你玩,你还哭鼻子了是不是?现在你的玩具不借给虎虎玩,虎虎也很伤心。你要不要虎虎伤心呢?要不你们俩一起来玩卡车游戏,谁来给卡车装货,谁来开卡车呢?"

快乐承诺型——"如果你去虎虎家,他的玩具不给你玩,你会很伤心吧?虎虎现在的心情跟你一样。怎么办呢?你们一起玩卡车怎么样?等你去虎虎家,虎虎的玩具你也可以玩哦!"

游戏分享型——"宝贝儿,你看虎虎都伤心了!他很想玩你的卡车呢!你们一起玩卡车,帮妈妈把玩具从这个房间运到另外一个房间怎么样?"

温馨提示

家长可以带孩子去别的小朋友家做客,让孩子亲身体验小朋友给自己玩玩具的快乐,或者是不给自己玩儿的伤心。并注意及时与孩子交流,引导孩子思考以后如何去做。不管怎么样,家长都不可强硬地把孩子的玩具拿过来给别人玩。

2 "弟弟为什么要来我家?"

情景再现 季节已经2岁了,妈妈发现他对事物过于苛求。比如,季节要吃苹果,父母认为他不可能吃完一整只,就擅做主张把苹果切成两半,季节

五 孩子对日常交往的提问

大哭着拒绝接受。给季节买来冰棍，妈妈没有征求季节的意见咬了一口，季节就会哭闹，一定要妈妈把吃进去的冰棍吐出来，或者干脆把咬过的冰棍扔掉。今天，表弟乾乾来了，妈妈让季节把玩具分给乾乾玩，好吃的东西也要分给弟弟，就连妈妈的怀抱，也被弟弟占用了。季节很伤心，哭着对妈妈说："弟弟为什么要来我家？"

常见的回答 "弟弟想来就来了，你管那么多干吗？"

专家分析

这一现象就是孩子的秩序感。在每个孩子心里，都具有强烈的秩序感。这种秩序感，是孩子安全感的来源之一，是孩子对于事物作出准确分辨与判断的基础，也是孩子建立道德意识的基础。孩子会坚持每样东西必须归"主人"所有，他人不得动用。不仅不愿分享自己的物品，家里其他人的物品也不能随意交换使用。每个举动，必须按照一定的程序或者是自己的设计来完成。如果父母忽略了他们的要求，或者没有准确理解他们的意图，而导致事件过程的偏差，他们就会固执地要求"重来一遍！"

理解并尊重孩子秩序感敏感期的特殊要求，尽量满足孩子对事物固定秩序与完美无缺的追求。在这个时期，不要强求孩子分享自己的物品，保护孩子的物权意识。给孩子安排规律的生活。规律的生活给孩子安全感，有助于他们遵守规则。家长不用担心孩子会因此变得"小气"、"浪费"、"任性"。这只是孩子发展的必经阶段，家长需要帮助孩子顺利渡过这个阶段，更加健康地成长。

消极的回答 "你哭的话，我就要弟弟不要你了。"
"这个傻孩子，弟弟来了也要哭啊！"

合理的回答 "弟弟来只是玩玩，之后还会回到自己的家。你是哥哥，多陪弟弟玩，等弟弟回去了，你想跟他玩也不行了。"

举一反三

换位思考型——"宝贝儿，弟弟来玩一会儿就会回去。你的玩具是不是可以让弟弟玩一会儿？等我们去弟弟家做客时，弟弟也会把玩具给我们玩的。"

快乐承诺型——"宝贝儿，弟弟只是过来玩，就像我们以前去弟弟家做客一样。你的玩具什么的,也不会给弟弟拿走。没什么可担心的,宝贝儿!"

温情传递型——抱着孩子说:"宝贝儿,弟弟过来是陪你玩呢!你跟弟弟好好玩,等会儿弟弟就要回去了,你想跟他玩还要走好远的路呢!"

温馨提示

孩子之所以会有秩序感,是对环境有一种控制的欲望,这种小小欲望的根源在于对未知的事物有恐惧感,一旦秩序有所变动,孩子就会产生焦虑和恐惧,重复秩序实际上是巩固他们的安全感,当孩子因为某样"秩序"被破坏而哭闹时,要平静地陪伴他、倾听他并予同情,尔后协助孩子找到解决问题的办法。如果孩子要求"重新来一遍",不妨花费几分钟时间按照他的设计重新来一遍,否则你可能需要花费很长时间来平息他的不安情绪。

3 "我不知道怎么跟小朋友们玩怎么办?"

情景再现 乐乐已经6岁了,她从小与别的孩子玩的时候就很谨慎。乐乐非常愿意与别的孩子玩,但是不知道怎么与别人玩,连比她弱小很多的孩子都欺负她。乐乐为了和别的孩子玩,甚至追着别人,把自己的东西送给别人讨好对方,而且自己的东西只要一下楼就被别的小朋友拿走了她也不在意。乐乐妈妈很犯愁,乐乐自己也很不自信地问:"妈妈,我不知道怎么跟小朋友们玩,怎么办?"

常见的回答 "玩还不简单嘛,你怎么那么笨!"

专家分析

玩对孩子是很重要的,在玩耍过程中,孩子会在不知不觉中掌握方向、空间、时间的概念,学会与人沟通的技巧和解决问题的能力。此外,玩耍还可以促进他们创造力的开发,提高他们的自信心、同情心、社交能力和平衡感。现代的独生子女很多,也有不少孩子不会跟其他小朋友玩。

五　孩子对日常交往的提问

一些家长总觉得自己的孩子小，担心孩子在与其他孩子发生冲突时，自家的孩子会吃亏，于是当孩子在户外活动时，时刻不离孩子左右，限制了孩子的社会性交往能力的发展。殊不知，孩子们正是在相互摩擦中增长了智慧。"让孩子教育孩子"，使他们在相互交往中获取社会生活的经验，学会如何控制和调节自己的行为，发展社会交往能力。

消极的回答　"不就是玩嘛，你过去跟着玩就是了。"
"你怎么那么不争气，现在蠢得连玩都不会了。"

合理的回答　"宝贝儿，你跟爸爸妈妈都玩得很好，跟其他小朋友肯定也能玩得很好的！妈妈相信你！你只要大胆地跟小朋友交谈，慢慢地就会跟小朋友玩啦！"

举一反三

引导思考型——"宝贝儿，怎么不会跟小朋友玩呢？你跟小朋友玩的时候，遇到了什么困难呢？我们一起来解决吧。你看你跟妈妈就玩得很好，所以跟小朋友也一定能玩得很好的！"

快乐承诺型——"果真是这样的吗？妈妈上次还看到你和隔壁的隆隆玩得很好呢！不用担心，多和小朋友说话，慢慢地就会跟他们玩了。妈妈坚信你这一点。"

温情传递型——"宝贝儿，你在和小朋友玩的时候，遇到了什么问题吗？不要着急！我们慢慢来。多出门，多跟小朋友聊天，有问题多问他们，有事情多跟他们商量，这样你很快就会跟他们玩了。"

温馨提示

掌握交往方法是获得交往成功的基础。家长应该教会孩子正确的交往方法，例如：教育孩子在和小朋友交往时，要友好协商、礼貌相待、平等、自信、不懦弱。平时，要教育孩子乐于助人、关心父母、关心他人。

4 "小朋友抢了我的玩具怎么办？"

情景再现 果果已经2岁了，在妈妈眼里，他是一个敏感、内向、不善于和小朋友交往的孩子。有一次，果果拿着刚买的棒棒糖出去玩，被小朋友抢走了他的棒棒糖，果果急得大哭。还有一次，果果在游乐场玩车子，刚从车里出来想推着走，可是别的小朋友就直接钻进去不出来了。果果急得趴在地上大哭。找到妈妈后，果果抽泣着说："妈妈，小朋友抢了我的玩具怎么办？"

常见的回答 "别人抢你的，你就去抢回来！"

专家分析

2岁的孩子已经具有物权意识。碰到孩子玩具被抢的情况，家长一定会很气愤。可是在孩子面前，家长需要冷静，先让孩子情绪稳定，然后再想解决办法。可以抱着大哭的宝宝一边用语言安慰，一边找到抢玩具的孩子，告诉他："玩具是我家宝宝的，请你还给他。"这时要积极保护孩子的物权，语言要温柔坚定。

如果孩子因为这件事情很生气，除了教育孩子要吸取教训，避免下次再发生这样的事情，还可以告诉孩子，别人抢了他的玩具，是别人不对。另外还要注意，孩子玩具被抢，对孩子来说是很不愉快的事情，要避免在孩子面前提起，以免强化他的记忆，让他觉得这件事情很严重。

消极的回答 "捣蛋孩子，敢抢我们的玩具，走，妈妈帮你去抢回来！"

"你怎么那么胆小，怎么别人抢了你的玩具也不敢要回来啊！真拿你没办法！"

合理的回答 "宝贝儿，别人抢了你的玩具，是别人不对。现在你想要回你的玩具吗？"

五　孩子对日常交往的提问

举一反三

引导思考型——"宝贝儿，真是让人很生气对不对？那个小朋友抢了你的玩具，是他不对。你是想要回你的玩具吗？那你是不是要告诉那个小朋友玩具是你的，你要拿回来呢？"

转移注意型——"宝贝儿，这件事让你很不愉快对不对？是那个小朋友不对，他应该跟你商量是吧？不过，这里的玩具大家都可以轮流玩，我们先去玩其他的玩具好不好？"

引发共鸣型——抱着孩子说："宝贝儿，你现在很生气，很想把玩具抢回来对不对？要是妈妈也会这样想的！不过这个玩具我们玩了很久了，这里的玩具是要大家轮流玩的，我们看看其他玩具去吧！"

温馨提示

孩子玩具被抢，如果孩子情绪不是特别激动，建议家长不要过早介入。让小孩子自己处理自己的事情。孩子有自己的想法，拥有一颗宽容大度的心，是孩子一生的财富！

5 "我好想玩那个小朋友的玩具，可是他不肯怎么办？"

情景再现　菲菲已经2岁了，她喜欢出去跟其他小朋友玩。可是经常会碰到这样的情况，有时候菲菲出去玩，碰到小伙伴就一起玩开了。但是当她想玩别人的玩具时，别的小朋友不肯给，菲菲会很不开心，哭着对妈妈说："妈妈，我好想玩那个小朋友的玩具，可是他不肯怎么办？"

常见的回答　"人家不肯就不要嘛，哭什么呀！"

专家分析

2岁孩子的眼里还没有你的、我的这样的意识,对喜欢的玩具会直接拿过来。孩子们之间的社会交往从玩具开始,让孩子自然地感受到被接受和被拒绝的感受。平时,家长可以教孩子如何向别人借玩具,鼓励孩子交换玩具。多向孩子表达,增强孩子的记忆。

如果孩子感觉遭到拒绝心情不好,家长可以教育孩子多理解他人。家长尽量不要参与到孩子的活动中,让孩子自然发展自己的态度就可以了。

消极的回答 "不给你不会抢过来呀,真是死脑筋!"
"连个玩具也借不到,你还能做什么呀?"

合理的回答 "没有借到玩具你感觉失望了?小朋友不高兴的时候,要理解,你可以玩自己的玩具嘛!"

举一反三

引导思考型——"小朋友不把玩具借给你,你很难过吧?可是你自己也会有不借给别人玩的时候呀!小朋友不借给你,肯定有他自己的原因对不对?我们是不是可以找其他的玩具玩呢?"

引发共鸣型——"真是遗憾,那么好看的玩具一定很好玩。那个小朋友可能有自己的原因,你要理解他。咱们自己的玩具也很好,一起来玩吧!"

缓解情绪型——"宝贝儿,你一定很伤心吧!要是我一定会大哭一场。不过,不借给我们玩,我们也可以玩其他的对吧?"

温馨提示

要让孩子知道,不是自己的东西首先要征求物主的同意,不同意就不能要。让孩子明白并不是每个人都会跟人家分享的,得不到也很正常。

五 孩子对日常交往的提问

6 "为什么要向人问好?"

情景再现 琳琳已经两岁三个月了,她总是有很多奇怪的问题。今天,妈妈带琳琳出去玩,刚出门就碰见了隔壁的老奶奶。妈妈微笑着向老奶奶问好。等老奶奶走后,琳琳问:"妈妈,你为什么要向人问好呀?"

常见的回答 "见面打招呼是基本的礼仪啊!"

专家分析

礼仪是人们生活交往的准则,是一个国家的风俗习惯和民族习惯的总结,是民族文化的重要标志之一。中国素有"文明古国,礼仪之邦"之称,中华民族历史悠久,崇尚礼仪。环境对孩子的文明语言的形成,礼貌行为的发展,具有很重要的示范、熏陶、感染作用。

每天早晨父母送孩子入幼儿园,老师都要站在门口迎接孩子。这是一个帮助孩子学习礼仪的最好的机会;家长的言行举止也是孩子学习礼貌行为最好的榜样。从最初孩子需要你的提醒,慢慢地孩子见到人就能主动问好了。

消极的回答 "你怎么连这个也问,真是傻孩子!"
"你还小,问那么多干吗?"

合理的回答 "向人问好是基本的礼仪。要做一个受人欢迎的孩子,就要懂礼仪。大家都喜欢懂礼貌的人。"

举一反三

引导思考型——"如果别的小朋友看到你,不跟你打招呼,也不微笑,你会不会喜欢那个小朋友呢?你喜欢隔壁的林雨吧?她是不是见到别人就微笑打招呼呢?要做个受人欢迎的人,就要学会使用这个基本礼仪。"

快乐行动型——"看到别人对你微笑着打招呼,心情会不会很好呢?这是

父母妙答：好孩子的怪问题

基本的见面礼仪呀！今天我们见到认识的人都微笑着问好怎么样？"

温情赞美型——"宝贝儿，这个是基本的见面礼哦！你也会喜欢微笑着跟你打招呼的人对吗？做个懂礼仪的孩子，谁见了都会喜欢的！宝贝儿这一点做得很好！"

 温馨提示

对孩子进行礼仪教育是多方法、多渠道的，只要针对孩子的心理，让他们在乐中学，在玩中学，及时地加以引导，就能使他们学会以礼待人，文明礼貌。

7 "好朋友分开就不会再见面了吗？"

情景再现 遥遥是个情感细腻敏感的小女孩，她已经5岁了。遥遥的身边不断有小朋友转园、搬家、升学。她心理好像承受不了这样的事实。每当有朋友要分离，她回来就有些情绪低落。说："妈妈，琰琰走了，我再也看不到她了，我想和她玩。"遥遥妈妈没在意，随便安慰了她两句。遥遥就问："妈妈，好朋友分开就不会再见面了吗？"

常见的回答 "有的朋友还能再见，有的朋友就不会再见了！"

专家分析

5岁的孩子没有经历多少离别，还不知道朋友分开还会再见面，心里装满了离别的忧伤。家长要理解孩子的这种纯真的感情，并且告诉孩子，好朋友同样也会想她。即使不能见面，也可以用打电话、写信等方式沟通。说不定没多久又可以见面呢！还需要告诉孩子，友谊是一生中最重要的财富，要好好珍惜友谊，不忘老朋友，同时也要结交更多的新朋友。

常见的回答容易给孩子暗示，好朋友不会再见面了，从而增强孩子的感伤心态。

消极的回答 "见不见面的,有什么关系,你真是多愁善感啊!"
"不见面更好,省得你只记着玩,不想学习的事。"

合理的回答 "琰琰走了,你很难过是不是?你很想她,她也很想你呢!你可以给她打电话,或者用画画的方式给她写信哦!"

举一反三

引导思考型——"好朋友走了,你很难过吧?琰琰也会很难过,她也会很想你呢!与其这样难过地想念,为什么不想象以后快乐的重逢呢?何况,琰琰走了,你还有其他方式跟她联系是不是?都有哪些方式呢?你是不是可以给她打电话呢?是不是可以给她写信呢?写信妈妈可以帮助你呀!"

展示共情型——"宝贝儿,琰琰走了,你很难受吧?要是我的好朋友走了,我也会很难过的,说不定还会大哭呢!你很想念琰琰,琰琰也会想你的。我们要不要给她打个电话呢?"

设法联络型——"好朋友走了,心里会很难过的!宝贝儿,你现在很想琰琰吧?琰琰也在想你呢!咱们上网看她在线不,在线就可以跟她聊天,不在线也没关系,我们给她留言好不好?"

温馨提示

友谊是孩子心中最纯真的感情,不要嘲笑,也不要挖苦孩子,让孩子在你面前可以自由地释放情绪。

8 "我不是每个周末都要去姥姥家吗?"

情景再现 昊昊从小跟姥姥一起生活了两年,所以对姥姥很依恋。尤其是上幼儿园了,一到周末就要去姥姥家。一到周六的早上就开始闹腾,直到准备好上车。今天,妈妈打算带昊昊去买秋天穿的鞋子,昊昊歪着头问:"妈妈，我不是每个周末都要去姥姥家吗？"

常见的回答 "你就知道姥姥，也不想妈妈吗？"

专家分析

孩子的依恋情绪在1岁之前就会建立，会依恋自己身边最亲近的人。不少孩子是祖辈抚养，所以孩子很自然地会跟爷爷奶奶、姥爷姥姥亲近。家长想要获得孩子的依恋，需要付出时间和精力陪孩子，才会得到孩子的认可。

消极的回答 "你做姥姥的孩子算了，不要喊我妈妈了。"
"这里才是你的家，怎么不认父母老要姥姥呀！"

合理的回答 "宝贝儿，你很想姥姥是不是？我们先去商场买完鞋子，然后再去姥姥家。"

举一反三

引导思考型——"你很想姥姥，妈妈也知道。可是我们不去买鞋子的话，秋天穿什么呢？凉鞋会不会冻脚呢？是不是买完鞋子也可以去姥姥家呢？"

快乐承诺型——"你今天想去姥姥家是不是？完全没有问题！不过，先跟妈妈去商场买鞋子，买完鞋子就可以去看姥姥啦！"

布置任务型——"宝贝儿，你很想姥姥了是不是？周末当然可以去看望姥姥啦！不过有一个任务必须要完成，就是我们得去买鞋子，买完鞋子后就去姥姥家！"

 **温馨提示**

尊重孩子的依恋情绪，给孩子时间慢慢地熟悉父母，等孩子慢慢长大了，他自然会依恋父母的。

五 孩子对日常交往的提问

9 "那个阿姨为什么老亲我?"

情景再现 小妮2岁多了,见到陌生人会有点害羞。今天小妮妈妈带小妮去参加公司的聚餐,餐前,小妮妈妈的同事们看到小妮那么可爱,都过来抱她。有个同事特别喜欢小妮,亲了小妮好几下。小妮有些躲闪,表情也很别扭,小脸憋得通红。最后终于到了妈妈的怀里,小妮委屈地说:"妈妈,那个阿姨为什么老亲我?"

常见的回答 "阿姨喜欢你,所以亲你呀!"

专家分析

6岁以下的孩手最需要的是家庭的个别教育,他们离不开父母的体肤接触、细腻的情感交流,在语言模仿、动作发展、性格塑造等重大方面都离不开父母的个别教育。亲吻是一种比较亲密的沟通方式,许多中国父母都不大善于运用。其实,亲吻能够让孩子更加深刻地感受到父母对他的爱。

孩子问到这个问题,说明家长比较少用亲吻的方式表达对孩子的爱,以致孩子对别人的亲吻感觉不适。

消极的回答 "阿姨把你当成自己的宝宝啦,你跟阿姨回家好吗?"
"你是不是害怕啊?以后不乖就让阿姨亲你。"

合理的回答 "阿姨亲你,是表示她很喜欢你。就像妈妈喜欢你就拥抱你一样。"

举一反三

引导思考型——"阿姨用亲吻来表示她很喜欢你。阿姨喜欢你,你开心吗?"

赞美体贴型——"阿姨因为喜欢你,所以用亲吻来表达,就像爸爸喜欢你经常抱着你玩飞飞一样。这么多人当中,阿姨就喜欢你,你一定很高兴吧?"

温情赞许型——"宝贝儿,阿姨亲吻你表示她最喜欢你啦!你是所有人当中最可爱的人,最讨人喜欢的!"

 温馨提示

对孩子表示亲密疼爱的亲吻,亲吻部位也是有一定讲究的。比如,亲吻孩子的脸颊,表示喜欢;在孩子临睡前或者上床时,亲吻孩子的额头表示晚安;在孩子高兴时或者困难时,亲吻孩子的脸颊以表示鼓励;随着孩子年龄的增长,可以通过亲吻孩子的手来表现父母对孩子的爱。要注意的是,家长不要亲孩子的嘴唇。只要父母善于运用亲吻,这种亲密的沟通方式会使亲子间的情感更加融洽。

10 "为什么要握手?"

情景再现 今天,两岁半的鱼鱼跟妈妈去见妈妈的同学,妈妈一见到阿姨和叔叔们,就一一和他们握手。鱼鱼心里很纳闷,为什么妈妈要和她的同学抓住手摇晃。等妈妈抱着鱼鱼的时候,鱼鱼就问妈妈刚才跟同学是干什么。妈妈告诉他这是握手。鱼鱼问:"你们为什么要握手呢?"

常见的回答 "这是一个见面的礼仪。"

专家分析

握手是在社交场合中,相互见面和离别时,以及在相互介绍时表示热情、礼貌、致意的常见礼节。一般是先打招呼或点头示意,然后相互握手、寒暄致意。

孩子问到这个问题,正好可以对他进行社交礼仪教育。

消极的回答 "小孩子安静,别问这些傻问题!"

五 孩子对日常交往的提问

"我们是在'打架'呢!"

合理的回答 "宝贝儿,握手是一个社交礼仪,表示你对对方很礼貌、热情。就像妈妈平时教你和小朋友握手一样。"

举一反三

引导思考型——"宝贝儿,这是我们待人礼貌、热情的一种礼仪。你想想看,还有什么礼仪可以表示友好、礼貌呢?微笑着打招呼是不是呢?"

快乐感染型——"握手是向别人表示你尊重他、对他热情。你今天表现很好,很乖,妈妈恭喜你,来,握握手吧!"

温情传递型——"宝贝儿,握手是表示热情、友好的一种礼仪!就像早上去幼儿园要向老师问好一样,是一种经常用到的礼仪。"

温馨提示

孩子的很多社交礼仪,都是在生活中学会的。家长要抓住孩子的好奇心,及时给孩子这方面的教育。

11 "为什么要告诉别人你干什么去了?"

情景再现 齐齐妈妈要出去买菜了,就对齐齐和爸爸说:"我要去买菜了,齐齐,你好好跟爸爸玩,妈妈一会儿就回来。"齐齐听了,跑到门边,对准备开门的妈妈说:"妈妈,你出去买菜也要跟我说啊。"妈妈回答:"是呀,要去做什么就要告诉别人啊。"齐齐歪着脑袋好奇地问:"为什么要告诉别人你干什么去了?"

常见的回答 "这样你就知道我出门了,也不会到处找我啊!"

专家分析

孩子的观察力往往令家长吃惊不已。对生活中看似平凡的事情,孩子会睁

父母妙答：好孩子的怪问题

大眼睛观察。不要认为孩子很无聊，这就是他成长的过程。对身边的事物细心观察，让孩子逐渐成熟。

消极的回答 "我要走了，怎么那么多问题啊！"
"傻孩子，这也是个问题吗？"

合理的回答 "宝贝儿，你观察得真仔细啊。妈妈出门给你们打好招呼，你就不会不知道妈妈干什么去了。当你有事的时候，就知道妈妈不在家，可以找爸爸帮忙啊！"

举一反三

引导思考型——"宝贝儿，妈妈出门告诉你们，你和爸爸就知道妈妈干什么去了。要是妈妈不说就走了，你和爸爸会不会奇怪我怎么突然就出门了？会不会想我出去是干什么？会不会担心妈妈呢？"

机会教育型——"宝贝儿，妈妈告诉了你和爸爸我去买菜了，这样你们是不是就能放心地做自己的事情了？你们也用不着担心我，对不对？你在幼儿园，如果有事情要自己去做，是不是也会跟老师说呢？你做得真棒！"

温情传递型——"宝贝儿，这样你和爸爸就知道我出门干吗去了！有事情也知道怎么找我啦。妈妈出去啦，一会儿就回来，宝贝儿，跟妈妈再见。"

温馨提示

日常生活中，会有待人接物的礼仪，家长做好榜样，孩子就会跟着学。所以家长要注意：你就是孩子的榜样哟！

六 孩子对劳动的提问

1 "水果留给我洗，好吗？"

情景再现 妈妈今天买回来一大堆的水果，有苹果、梨、葡萄，还有乐乐最喜欢吃的红提。看着这一大堆诱人的水果，乐乐可开心啦！他看到妈妈一直在忙着干其他家务活，很辛苦的样子。乐乐心疼地说："妈妈，水果留给我洗，好吗？"

常见的回答 "你还小，不用你洗。"

专家分析

家长要有意识地培养孩子的自理能力。孩子小的时候，可以让他学会自己整理自己的玩具，自己洗手、洗脸、脱衣等小事情，逐渐提高孩子的动手能力。孩子有较强的自主意识，很乐意做一些生活中的小事情，父母要及时给予孩子适当的鼓励，当孩子做不好时也不要心急，自己马上替他做，更不要轻易责怪他，以免打击孩子的自信心。对一些确实有些难度的事，家长可以给予孩子帮助和指导。

孩子在做家务的过程中，既锻炼了自理能力，又培养了动手能力和责任心。孩子帮助做家务，家长要表示感谢和赞扬。

消极的回答 "一边儿去，你来帮忙肯定是越帮越忙。"

父母妙答：好孩子的怪问题

"你是家里的心肝宝贝儿，这点活怎么还会要你干呢？"

合理的回答 "宝贝儿，你真好！那妈妈来教你怎么洗水果。"

举一反三

引导思考型——"宝贝儿，是不是看到妈妈很辛苦啊？真是孝顺的宝宝啊。来，妈妈告诉你怎么来洗水果。"

快乐承诺型——"好啊！洗水果就交给你负责啦！宝贝儿真孝顺，知道心疼妈妈了。"

温情传递型——抱着孩子说："可以呀！你长大啦，可以帮妈妈做事情啦！"

温馨提示

自信、乐观、认真、独立是很多家长都希望孩子拥有的能力。给孩子机会，让孩子有机会去尝试和表达，也是一种爱。

2 "为什么马路要有人扫？"

 莎莎是个喜欢早起的4岁宝宝。早上起床后，莎莎妈为了不让莎莎影响她的爸爸休息，就会带莎莎去街道散步。清晨，行人和车辆都很少。清洁工正在扫街道。莎莎看着清洁工用很大的扫帚用力地清扫着街道，好奇地问："妈妈，为什么马路要有人扫？"

常见的回答 "太脏了，快点走！"

专家分析

工作没有贵贱之分。工作对于我们每个人来讲，是一种乐趣、一种高尚、一种快乐、一种爱好。因此，我们要尊重劳动的人，同时也要教育孩子尊重劳动者。

> **消极的回答** "你管那么多干吗,好好走路就是啦!"
> "不好好学习,长大就只能扫马路,看你以后要不要好好学习。"

> **合理的回答** "清洁工叔叔阿姨们起大早给大家扫街道,我们是不是要感谢他们呢?我们平常扔垃圾的时候,也要扔到垃圾桶里,不然会给叔叔阿姨们添麻烦的。"

举一反三

引导思考型——"如果没有清洁工叔叔阿姨们清扫街道,我们就会走什么样的路呢?肯定已经堆满了垃圾啦,街道是不是也会变得臭烘烘的呢?"

尊重劳动型——"宝贝儿,清洁工叔叔把街道扫干净,我们才有整洁干净的路可以走。我们来跟叔叔说声'谢谢'吧!"

文明传递型——"清洁工叔叔把街道扫干净,我们才有整洁卫生的环境!你看叔叔是不是很辛苦?我们有垃圾要放进垃圾桶,不要给叔叔添麻烦,好不好?"

温馨提示

让孩子懂得,要尊重他人,尊重劳动。劳动的人最美丽。

3 "我们的房子是谁建的?"

 巍巍很喜欢看房子、车子和去图书馆,他还特地买了相关的一些书。回到家里,他指着自己的家,问妈妈:"我们的房子是谁建的?"

> **常见的回答** "是工人建的。"

父母妙答：好孩子的怪问题

专家分析

以自我为中心，不顾别人的人在任何地方都是不受欢迎的。尊重别人的人，才会获得别人的尊重。每个人不管工种、行业，只要认真努力了，就有获得尊重的权利。在家庭教育中，尤其如此。

让孩子尊重别人的劳动成果，尊重他人，是孩子一生都应该具有的胸怀。

消极的回答 "这种问题也问，你真是够笨的！"
"都是工人建的，他们没有什么本事，就只能去干苦力活。"

合理的回答 "我们温暖舒适的房子，是工人叔叔们辛辛苦苦建成的。工人叔叔们很辛苦，我们要尊重他们。"

举一反三

展示过程型——"你想想看，房子是谁建的呢？是工人叔叔们建的。他们一块砖一块砖地砌墙，然后抹上水泥……"

心怀感恩型——"是工人叔叔建的。工人叔叔给我们建这样结实、舒适的房子，我们是不是要感谢他们啊？"

劳动自豪型——"这是工人叔叔给我们建的！工人叔叔可能干啦！我们看到的很多宏伟的建筑都是他们建的呢！"

温馨提示

要重视别人的劳动成果，尊重他人的劳动。让孩子明白，劳动是光荣的！

4 "妈妈，我可以开公交车吗？"

情景再现 棵棵爸爸给棵棵买了一个好看的小铜鼓，很有趣，心想棵棵一定会喜欢。棵棵从幼儿园回来，一眼就看到了，没想到他居然一脸的不高

六 孩子对劳动的提问

兴。他问："这是谁的呀？"棵棵妈妈对他说："这是爸爸买给棵棵的呀！"接着棵棵双手举起小铜鼓就摔在了地板上。棵棵妈妈一脸吃惊地问棵棵这是怎么回事。棵棵很生气的样子，说："棵棵喜欢汽车（玩具汽车），不喜欢铜鼓！"然后对妈妈说："妈妈，我可以开公交车吗？长大以后我要开公交车。"

常见的回答　"干什么不好，要当穷开车的。"

专家分析

孩子很小时，家长经常会问孩子："你长大了要做什么？"当孩子稚气地说，做科学家、艺术家等等，那时家长会笑一笑，心想：我的孩子真有志气。可是一听到孩子要做普通的工作，比如当司机、当清洁工，就会立刻纠正孩子，要他们有更高的目标。孩子将来做什么，他自己会选择，家长不必着急为孩子拿主意。

消极的回答　"当医生多好，干吗要去开破车呀！"
"你这么小就没出息，长大后能干啥呀？"

合理的回答　"宝贝儿，开公交车很好啊！可是你知道吗？开公交车可是要学好本领才能开的哟！"

举一反三

引导思考型——"很不错的主意啊！不过，你知道开公交车要什么本事吗？"

快乐承诺型——"当然可以啦！到时候我们都去坐你开的车哟，所以，你一定要学好本事哟！"

温情激励型——"宝贝儿，这真是一个伟大的目标呀！当公交车司机需要很大的本事哟，宝贝儿，你一定可以做到对不对？"

温馨提示

给孩子自由，是给孩子最好的鼓励！

5 "电梯为什么要有人开?"

情景再现 靓靓是个好奇的宝宝,碰到什么事情都要问个为什么。靓靓妈妈说买本《十万个为什么》都不够她问的。这不,今天靓靓妈妈带靓靓去医院体检,上电梯的时候,电梯司机给大家开电梯。靓靓看了很好奇,因为她住的小区电梯没有专人开。出了电梯,靓靓就开始发问:"妈妈,电梯为什么要有人开呢?"

常见的回答 "人多的地方当然要配司机啦!"

专家分析

现在绝大部分医院都安有旁开门式电梯供伤病患者使用。根据电梯使用的相关规定,医院的旁开门式电梯必须安排专人值守。不少小区物业也会给电梯配备专门的司机,以保证业主的安全。可是有部分地方使用电梯并不会配司机,也没有相关的警示语。孩子问到这个问题的时候,家长可以趁机对孩子进行安全教育,以免孩子不会使用电梯发生危险。

消极的回答 "医院就这样规定的。"
"我也不知道,干吗老问这些问题来为难我?"

合理的回答 "你观察得真是很仔细呀!医院的电梯是旁开门式电梯,主要是运送伤病患者使用的,为了保证患者的安全,会有电梯司机专门管理。"

举一反三

引导思考型——"妈妈也不知道为什么。这样吧,我们一起来讨论一下,为什么医院的电梯有司机?你先说说看。"

快乐承诺型——"宝贝儿,这个问题可真是难住妈妈啦!我们回家一起找答案好不好?"

共同探索型——"妈妈认为是为了保证病人的安全,你觉得呢?回家我们再找找答案!不过,坐电梯是要注意很多细节的,比如不要拨门,也不要在电梯里跑来跑去……"

温馨提示

孩子对一切事物都有强烈的好奇心,不要压制孩子的好奇心,更重要的是,让孩子学会安全知识,学会保护自己。

6 "公园的草坪为什么要割?"

情景再现 咪咪已经两岁半了,经常跟妈妈去公园散步。今天天气真好,太阳暖暖的,微风徐徐而来。咪咪吃过早饭就嚷着要去公园了。咪咪妈妈带着她去草地那边散步,正好看到工人叔叔在割草。咪咪觉得很奇怪,问:"妈妈,公园的草为什么要割掉?"

常见的回答 "割草是为了让草坪长得更好啊!"

专家分析

公园为了控制草的长度,增加草坪的美观效果,促进草尽快分蘖,使草坪更密实,都会采取割草的方式。割草的时候,可以让孩子体验草的清香,观察工人割草,学会尊重劳动。

消极的回答 "草就是要割的嘛!"
"你看就是了,怎么那么多话呀!"

合理的回答 "割草是为了让草坪更绿,更好看。宝贝儿,像妈妈一样深呼吸,好香啊!"

举一反三

引导思考型——"我们想想,为什么工人叔叔会割掉草呢?草被割掉会不会再长呢?我们每天都来看,观察草坪会不会再长好不好?"

学习求助型——"妈妈想是不是为了让草坪长得更好呢?我们问问工人叔叔好不好?"

温情感恩型——"宝贝儿,割草是为了让草坪长得更好,让草绿的时间更长!工人叔叔好辛苦啊,我们跟他说声谢谢好不好?"

温馨提示

让孩子在日常生活中学会感恩。拥有一颗感恩的心,是孩子一生的智慧和财富。

7 "飞机有司机开吗?"

情景再现 军军对飞机很着迷,每天都会开着他的玩具飞机"呜呜"地飞来飞去。过两天,爸爸妈妈要带军军去坐飞机,这让他兴奋不已,不停地跟爸爸妈妈重复他要坐飞机啦。今天,他一个人开飞机开了很久,突然问:"妈妈,飞机有司机开吗?"

常见的回答 "傻孩子,飞机当然要有人开啦!"

专家分析

大家都知道飞机要有人开,但是也有不少不需要人开的飞机。那就是无人飞机,无人飞机是采用自动控制、具有自动导航和执行特殊任务的无人飞行器。

在回答孩子的问题时,家长要深思熟虑。

六 孩子对劳动的提问

消极的回答 "没人开飞机怎么飞呀？"
"你怎么净问些傻问题呀！"

合理的回答 "宝贝儿，我们平常坐的飞机都是有人开的。可是也有不需要人开的飞机。我们来看看这本书，这里就有无人驾驶的飞机呢！"

举一反三

引导思考型——"飞机要不要有人开呢？如果没人开，飞机要转弯了怎么办？"

快乐承诺型——"宝贝儿，过两天咱们就要坐飞机了，到时候咱们好好观察，看有没有人开飞机好不好？"

温情传递型——"宝贝儿，飞机一般都是有人来开的。可是有些飞机不要人开，那是全自动的。我们上网查查有哪些是不用人开的飞机好不好？"

温馨提示

孩子对身边的事物有疑问，家长可以耐心地帮助解答，当然还有更妙的办法，那就是让孩子自己去找答案。

8 "为什么下雨天马路也要洒水？"

情景再现 香香的爸爸和妈妈在工作之余经常带5岁的香香一起去散步，这不仅有利于健康，而且也是引导孩子认识大自然的良好机会。冬去春来，四季变化很大，在散步的时候，可以让孩子观察各季节的变化，特别是在一场春雨或一场秋雨以后，让孩子亲身感受雨后的空气变化等，孩子可以直接获得各种丰富知识。这天，下过雨了，香香爸爸带着香香去散步。香香眼尖，发现一辆洒水车在工作，于是她好奇地问："爸爸，下雨天为什么也要洒水啊？"

父母妙答：好孩子的怪问题

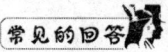**常见的回答** "洒水的叔叔是不是没看天气预报啊？"

专家分析

一般下雨天洒水，可能是在冲洗马路，平时人工清理不到的死角积泥在大雨的浸泡下已经松动，经过高压清洗车的冲刷，淤泥更容易被冲掉，所以环卫部门利用雨天这一优势进行冲洗更利于环境卫生质量的提高。也可能是为了便于保洁清扫，把细小的或马路中间的垃圾以及下雨天贴在地面难以扫除的落叶冲到马路两边，以提高工作效率。

不少人不知道下雨天马路也要洒水。所以家长在回答孩子的问题之前，要自己考虑，不知道的问题可以诚恳地告诉孩子真相，同时不要忘记让孩子学习寻找答案。

消极的回答 "他们有病呗！"
"环卫部门就知道浪费！"

合理的回答 "爸爸也不知道为什么？我们散步后回家找答案怎么样？你帮爸爸开电脑，打字，爸爸负责找资料好不好？"

举一反三

引导思考型——"是呀，为什么下雨也洒水呢？咱们来观察观察好不好？水洒出来，是不是把泥巴冲开了呢？你看，那些叶子也冲到路边了，清洁工就好扫了是不是？"

现场提问型——"宝贝儿，你观察得真仔细啊！爸爸也不知道原因，我们问问正在休息的清洁工叔叔好不好？"

温情传递型——"宝贝儿，你能发现这个问题，真的是很细心！这个问题爸爸也不知道答案，咱们回家问问妈妈去，好不好？"

**温馨提示**

细细观察，原来生活中处处都有学问呢！

六 孩子对劳动的提问

9 "农民伯伯为什么要种地？"

情景再现 千千已经3岁了，很懂事也很讲道理了。千千很爱吃也能吃，但是偶尔碰到不想吃的东西，比如煮得不够烂的青菜，炒得太硬的肉片，她就会吐出来。妈妈教了她一句："农民伯伯种田辛苦了，不要浪费。"嘿，还真灵！只要她一不想吃某样东西，妈妈说："不要浪费。"千千就会说："农民伯伯难过。"然后马上又吃回去。有一天，千千自己想到这一句，并自己念出来："农民伯伯种田辛苦了，不要浪费。妈妈，农民伯伯为什么要种地呢？"

常见的回答 "农民伯伯种地才有粮食吃呀！"

专家分析

两三岁的孩子，有很强烈的求知欲。因此，也会有很多的问题。耐心对待孩子的一切好奇，如果你在他面前表现得很不耐烦的样子，就会打击孩子的求知欲。孩子会以为自己做错了什么事情，对什么都不再感兴趣。

消极的回答 "他们天生就是种地的呀！"
"笨蛋，农民不种地能干什么呀！"

合理的回答 "宝贝儿，我们吃的东西都是农民伯伯种出来的，农民伯伯不种地，我们就没东西吃了。"

举一反三

引导思考型——"宝贝儿，粮食都是农民伯伯种出来的。如果没有农民伯伯种地，我们吃什么呢？我们会不会挨饿呀？"

引发同情型——"宝贝儿，我们吃的粮食都是农民伯伯种出来的。农民伯伯好辛苦，我们可不能浪费哟，要不然他们会好难过的！"

倡导节约型——"宝贝儿，我们吃的粮食是谁种的呢？是农民伯伯！我们要尊重农民伯伯，不浪费粮食！"

温馨提示

　　孩子提出一个问题，就是学习知识的一个窗口，我们要做的，就是要让窗口一直打开。

七 孩子对身体的提问

1 "我从哪里来?"

情景再现 因因翻看爸爸妈妈的结婚照片,说:"妈妈,你穿着白色的大裙子真漂亮,爸爸穿西服也很帅。这里还有好多人,那么热闹,可是为什么没有我呀?"爸爸回答:"那是妈妈和爸爸的结婚典礼,那时候还没有你呢!"因因奇怪了:"哦,那啥时候才有我的呀?我是怎么来的呀?"

常见的回答 "你是爸爸妈妈在垃圾堆里捡来的!"

专家分析

对于这些问题,父母不要编谎话或用"等你长大后就会知道了"这样的话来搪塞,应该亲切、耐心地回答孩子。

消极的回答 "你是别人不要的,扔在街上,爸爸妈妈就把你捡回来了。"

"你就像孙悟空一样,是从石头缝里蹦出来的!"

合理的回答 "爸爸妈妈在一起好多年,感觉家里太冷清了,没啥意思,就想要一个小孩了。怎么办呢?爸爸妈妈就做了一个你,就像你用泥巴做了个毛毛虫一样。做好了就把你放在妈妈的肚子里。妈妈的肚子里有个小房子,房子里就像一个游泳池,你就在那里长大。有时候,你很淘气,经常在里面练武术，总是踹妈妈的肚子。后来你长大了，小房子里装不下你了，你就自己爬出来了。"

举一反三

温柔幸福型——"你是爸爸妈妈最珍贵的礼物。爸爸妈妈很相爱，就结婚了。结婚后就有了你。你很小，于是就住进妈妈的肚子里，由妈妈负责保护你。等过了十个月，你长大了，就从妈妈肚子里爬出来了。"

快乐童趣型——"爸爸妈妈很相爱，于是就有了小小的你。你实在太小了，就住在妈妈的肚子里，每天都快乐地游泳。后来你慢慢长大，妈妈肚子里的游泳馆不够你住了，你自己就爬出来了。"

正面回应型——"你是爸爸妈妈两人一起生出来的。爸爸身体里有个小精子，它像小蝌蚪一样会游泳，它游到妈妈身体里和一个小卵子相遇，交朋友，天天在一起，后来合起来就成了你。你在妈妈的肚子里住了十个月，住得可舒服呢，后来你越长越大，妈妈的肚子住不下了，你就出来了。"

温馨提示

亲切地回答，不仅能解除孩子的疑问，而且能让孩子了解有关性的粗浅知识，既满足了孩子的求知愿望，又能沟通亲子间的感情。

2 "为什么爸爸有胡子？"

情景再现 豆豆已经三岁半了，对什么事情都很好奇，都想问个究竟。豆豆已经是家里的"小问号"啦，经常会问很多稀奇古怪的问题。让爷爷奶奶疲于应付，爸爸妈妈有的时候也束手无策。今天，豆豆看到爸爸在镜子前刮胡子，就凑过去仔细地观察，还要求爸爸给他摸刮过胡子的地方和没刮的胡子，逗得爸爸直笑。这时，"小问号"又有问题啦："爸爸，你为什么有胡子呀？"

常见的回答 "男人都会长胡子的嘛！"

七 孩子对身体的提问

专家分析

　　三四岁正是孩子模仿期望比较高的时候，他们会经常想要模仿家长。因此，孩子提出这个问题，其实希望像爸爸一样，尝试刮胡子。

　　2岁以后的孩子，经常会问一系列让你觉得好笑的问题。一方面惊奇孩子渴望了解世界及大自然的心情，一方面又有不能正确回答问题的窘迫。男子进入青春期后，第二性征的出现，睾丸分泌雄性激素使男孩开始长胡须。男孩在11岁以前体内雄激素很少，男女之间体征上差别不是很大。10~14岁，男孩开始进入青春发育期。对于孩子的问题，家长可以根据孩子的接受能力，如实地告知孩子。

消极的回答　"等你长大了就知道了。"
"走开走开，没见我忙着要上班吗？"

合理的回答　"这是因为爸爸身体里有一种雄性激素，它会让爸爸长出胡子来。男孩子到了一定的年龄，体内的雄性激素开始发挥作用，他们就会长胡子，慢慢地变成一个男子汉。你是男孩子，长大后也会长出胡子的。"

举一反三

　　引导思考型——"你是不是也想刮胡子呢？男孩子身体里有雄性激素，长到十几岁的时候，雄性激素起作用，男孩子就会长胡子了。你想不想赶快长大，也学着刮胡子呢？"

　　快乐承诺型——"男孩子长到十几岁，身体里的雄性激素就会让他长胡子的。等你长大了，也会像爸爸一样刮胡子的。"

　　信心传递型——"男孩子长大以后，身体里的一种激素就会让他长出胡子！等你长大了，也一定会长出胡子来的。"

温馨提示

　　孩子提出问题，应尽量选择他能听懂的部分或他感兴趣的部分讲解。

3 "为什么女孩子蹲着嘘嘘而我不是这样?"

情景再现 三岁九个月的俊俊已经上幼儿园了。刚上幼儿园,俊俊开始了新的探索,也有了很多问题要问妈妈。今天,俊俊上完厕所,问妈妈:"为什么我们班里的女孩子要蹲着嘘嘘,而我不是这样呢?"

常见的回答 "因为人们喜欢男孩子,就让他们站着嘘嘘;不喜欢女孩子,就让她们蹲着嘘嘘。"

专家分析

孩子从2岁开始,对自己的身体发生兴趣、产生认知。3岁以后,逐步对异性身体产生好奇,会不自觉地对性问题进行自我探究了。这个阶段的男孩子自然认为每一个人都应该有和他一样的性器官,而女孩子会想为什么自己身上没有别的小朋友有的东西。孩子对这类问题的疑问,是其成长的一个必然的也十分必要的过程。孩子通过对身体发育的了解,逐步理解性别差异,做到对自身性别的认同。当孩子提问时,家长要注意对其进行正确的性教育,以帮助孩子树立正确的观念。

消极的回答 "真不要脸,怎么看女孩子上厕所呀!"
"去去去,没看见妈妈正忙着吗!"

合理的回答 "你能观察到男孩和女孩的差别,这说明你很细心。男孩和女孩是不同的,男孩有'小鸡鸡',可以把尿撒得很远裤子也不会湿;女孩的尿直接从尿道里流出来,所以必须蹲下撒,否则会尿湿裤子。"

举一反三

引导思考型——"男孩子的尿是从'小鸡鸡'出来的,就像茶壶嘴一样,是不是站着尿也不会弄湿裤子呀?女孩子的尿是从尿道出来的,没有茶壶嘴,站着尿裤子就会湿。"

男女有别型——"这就是男孩子和女孩子的不同之处。男孩子有'小鸡鸡',可以站着尿;女孩子的尿从尿道出来,站着撒尿会弄湿裤子,所以要蹲下。"

实践检验型——"男孩子有'小鸡鸡',女孩子没有,这就是男女不同的地方!女孩子如果站着撒尿,会弄湿裤子,而男孩子不会。你刚才站着撒尿裤子也没湿,对不对?"

 温馨提示

孩子对这个问题有疑问,可以让孩子体验不同的排泄方式,使其了解男女生理结构的区别。

4 "为什么指甲会长长?"

情景再现 贝贝上幼儿园了,每到周末,贝贝妈妈都会给贝贝剪指甲。贝贝刚开始很害怕剪指甲,慢慢地发现剪指甲不会疼。今天,贝贝妈妈又帮贝贝剪指甲了。看着自己的指甲一段一段地剪掉,贝贝问妈妈:"为什么指甲要长长呢?"

常见的回答 "指甲就是会长的嘛!"

专家分析

人的指甲底下有根,叫甲基,埋在手指的皮肤里。甲基的细胞生命力很强,它可以不断地产生新的细胞。老的细胞不断地死亡,新的甲根不断把旧的甲根向外推,就形成了指甲,并且让指甲越长越长。指甲起着支撑或阻挡的作用,保护指头免受损伤。但是也不能让它长得太长,指甲太长不仅会容污纳垢,成为疾病的传播源,而且容易折断,甚至伤了指头。

孩子问到这个问题的时候,切不可敷衍了事,用想当然的方式回答孩子,

父母妙答：好孩子的怪问题

应尽可能地用孩子理解的方式解答，并让孩子知道，为了卫生要勤剪指甲。

消极的回答　"别动，不想指头被剪掉就别说话！"
"你真傻呀，这不是一看就明白的事情吗？怎么还要问？"

合理的回答　"这是身体正常的生长规律。指甲底部就像一棵树的树根一样，会不停地生长，指甲就会越来越长。指甲长了就要剪，否则容易藏细菌，太长了也容易伤到别人。"

举一反三

形象思维型——"人的指甲就像草有根一样，指甲也有根，会不停地长。指甲长了是不是容易藏黑的东西？那些东西很脏，里面有很多我们看不见的细菌，只有剪掉才卫生。"

实际感受型——"宝贝儿，剪完指甲是不是手很轻松呢？指甲也像头发一样，会不断地长长。为了卫生和安全，我们要勤剪指甲。"

引导思考型——"咱们是不是每个星期都会剪指甲呢？因为指甲也有根，像树一样会长高！但是指甲长长了容易藏东西怎么办呢？是不是剪掉就不会藏啦，也不会划到其他人了，你说对不对？"

温馨提示

每个星期给孩子剪一次指甲，享受欢乐的亲子时光。在剪指甲的同时，给孩子养成健康的卫生习惯。

5 "为什么奶奶会长皱纹？"

情景再现　西西已经3岁了，她很喜欢看别人的脸。今天她看了邻居杨奶奶的脸，然后又观察妈妈的脸。回到家，西西问妈妈："为什么杨奶奶的脸上有一条一条的东西呀？"妈妈告诉她那是皱纹。西西好奇地问："妈妈，为什么奶奶会长皱纹?"

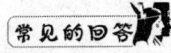 "人老了就会长皱纹。"

专家分析

年轻人光滑丰满的皮肤下充满着脂肪。人老了,皮肤下的脂肪会减少,好多组织也都会萎缩,皮肤也会变松,这时候脸上就会出现皱纹。孩子问到这个问题时,如实地回答会让孩子恐惧变老,也害怕妈妈变老,可以用比较轻松的方式告诉孩子真相。

消极的回答 "人老了,会变得难看,最后会死掉!"
"有皱纹很难看是不是?你以后也会这样的。"

合理的回答 "奶奶性格开朗,喜欢笑,容易产生皱纹。"

举一反三

引导思考型——"喜欢笑的人容易长皱纹。杨奶奶长了皱纹,看起来是不是很慈祥?"

快乐承诺型——"人到了一定时候,就会长皱纹。即使这样,杨奶奶还是很快乐。快乐的人永远年轻。"

温情传递型——"宝贝儿,面部表情丰富的人容易有皱纹!不过,有皱纹皮肤会很软,摸起来很舒服!"

 温馨提示

人慢慢变老,甚至死去,在孩子眼里是很伤心的事情。轻松的解答,可以让孩子轻松应对自然规律。

6 "人为什么要穿衣服？"

情景再现 姗姗最近很不喜欢穿衣服。每次洗完澡后，妈妈把她抱到床上，她就开始满床乱跑，灵活得像泥鳅一样，妈妈怎么喊她也不肯穿衣服。最后都是妈妈吓唬她，不穿衣服就不给她看电视，这样，姗姗才会过来穿衣服。今天也是这样，姗姗在妈妈的威逼利诱下，才不情不愿地过来穿衣服，嘴里还嘟囔着："人为什么要穿衣服呀？"

常见的回答 "不穿衣服还是人吗？"

专家分析

孩子喜欢自由自在、无拘无束的生活。不爱穿衣服，不是孩子有特殊的爱好，只是不想被衣服束缚而已。

消极的回答 "你从小就要当流氓呀！"
"不穿衣服，身体都被人看光了，怎么做人呀！"

合理的回答 "穿衣服不会着凉，你看，大家都穿着衣服是不是？"

举一反三

引导思考型——"大家都穿了衣服是不是？不穿衣服大家都会以为你是个怪人，不和你玩怎么办？"

快乐承诺型——"穿好衣服不会着凉，快穿，你喜欢的动画片马上就要开始啦！"

温情传递型——"宝贝儿，穿好衣服就不会着凉啦！一会儿妈妈抱着你给你讲故事怎么样？"

七 孩子对身体的提问

温馨提示

让孩子选择自己喜欢的衣服，给孩子自己做主的机会。

7 "人为什么不能飞？"

情景再现 兵兵很喜欢看动物。今天，他去公园，看到了一只长尾巴的大鸟从树丛中飞过。兵兵跟着跑过去看，可是大鸟早就飞走了。兵兵很沮丧，告诉妈妈大鸟飞走了，还问："妈妈，人为什么不能像鸟一样飞啊？"

常见的回答 "人没有翅膀。"

专家分析

人和鸟类不一样，人没有翅膀，没有强壮的胸肌，没有双重呼吸的结构，没法承担飞翔这类剧烈的运动。孩子问到这个问题，知道自己不能飞，会觉得很懊恼和沮丧。

家长不能用想当然的方式敷衍孩子，可以给孩子能够理解的回答。

消极的回答 "你要是能飞，那就没人可以管得住你啦！"

"想好你怎么才能好好走路吧。没本事还想着飞呢！"

合理的回答 "因为人没有像鸟一样的身体结构，所以不能飞。但是我们有聪明的大脑，可以造出飞机替我们飞呀。"

举一反三

引导思考型——"人不能飞，可是也可以到天空中去哟！用什么办法可以做到呢？"

快乐承诺型——"我们虽然不能像鸟一样飞，可是我们可以借助其他物体飞上天哟！"

希望传递型——"宝贝儿，别气馁！不久我们就会坐飞机去旅游，那样我们就能飞上天啦！"

温馨提示

在大多数孩子的脑海里，都有一个飞翔的梦想。让孩子继续拥有梦想，总有一天，孩子会自由飞翔。

8 "为什么我不能穿裙子？"

情景再现 小强是爷爷奶奶唯一的孙子。为了让小强健康地长大，爷爷奶奶经常给小强穿漂亮的女童装。到了3岁，小强来到了爸爸妈妈身边，尽管爸爸妈妈努力劝他穿男装，可是小强不喜欢，他已经喜欢上了漂亮的花裙子。当妈妈要给他穿男装的时候，小强哭着说："妈妈，为什么我不能穿裙子？"

常见的回答 "哪里有男孩子穿裙子的？"

专家分析

父母从小就要给孩子树立正确的性别差异观念。男孩子和女孩子的差异不仅体现在身体上，更多地体现在社会认知和表现中。父母必须把这一点告诉孩子，让孩子知道，男孩子应该是什么样子，女孩子应该是什么样子。这样，孩子对于性别的认识才更深远，也更全面。

消极的回答 "穿裙子就不要你了。怎么那么小就学成这样！"
"穿裙子会被人割掉小鸡鸡的！"

合理的回答 "你很想穿裙子是不是？可是男孩子就要穿男孩子的衣服，裙子是女孩子才能穿的。"

七 孩子对身体的提问

举一反三

引导思考型——"你看到有男孩子穿裙子的吗?如果你穿着裙子出去,别人会不会觉得你很奇怪呢?"

快乐承诺型——"只有女孩子才穿裙子。来,宝贝儿,你到这里来挑一套你喜欢的衣服吧,穿好就可以出去玩啰。"

温情传递型——"宝贝儿,穿上适合自己的衣服,小朋友才会喜欢跟你玩!男孩子就要穿男孩子的衣服嘛!"

温馨提示

孩子有游戏的天性,如果让孩子在嘻嘻哈哈中受到教育,无疑是一种寓教于乐的好方法。在游戏中,孩子对周围人的观察,也会觉得自己的这些穿戴十分可笑,继而放弃一些错误的观念或要求。

9 "为什么只有女孩子才能生宝宝?"

 聪聪是社区里最活泼爱玩的孩子,很多小朋友都喜欢跟他玩。今天,邻居家的芳芳跟聪聪玩过家家。总是芳芳当妈妈,因为芳芳说只有女孩子才能生宝宝。聪聪很不服气,他觉得自己也可以生宝宝。于是聪聪只跟芳芳玩了两次就气冲冲地回家了。回到家里,聪聪问:"妈妈,为什么只有女孩子才能生宝宝呢?"

常见的回答 "宝宝都是妈妈生的,妈妈就是女孩子。"

专家分析

"我能生孩子吗?"男孩、女孩都可能问到这样的问题,这些问题似乎很容易回答,但是实际上我们很难找到准确的答案。而任何一个不适当的回答都可能会对孩子的心理造成隐性的伤害。针对不同性别的孩子,我们应该有不同的

父母妙答：好孩子的怪问题

回答。因为孩子只是"性好奇"，只是希望了解它的来龙去脉。父母可以根据孩子的情况，有针对性地回答，将孩子所希望了解的部分明确地告诉他。

消极的回答 "男孩子怎么能生宝宝呢？"
"你真是个流氓，那么小就想生孩子的事情。"

合理的回答 "宝宝虽然是女孩子生出来的，可是没有男孩子的帮助，女孩子也生不出宝宝呀！"

举一反三

正面回答型——"女孩子虽然可以生宝宝，但是也要长大结婚后才能生，而且必须要有跟自己结婚的男孩子的帮助才能生宝宝。"

形象对比型——"宝贝儿，男孩子长大以后结了婚，就能和自己的新娘子生出宝宝来，没有男孩子，女孩子也不能生出宝宝。就像电视里的老鹰一样，必须结婚后，两只老鹰一起生活，鹰妈妈才能生出可爱的鹰宝宝。"

引发思考型——"你知道鼹鼠爸爸和鼹鼠妈妈结婚后，才有了小鼹鼠吗？男孩子结婚后，就能帮助自己的新娘子生孩子啰！"

温馨提示

对于年龄小的孩子，可以多用一些类似童话、动物的故事来向孩子讲述这些答案。譬如：可以用青蛙爸爸和青蛙妈妈共同努力，才生下青蛙宝宝的故事来告诉孩子，生育孩子是男人和女人共同的事情！

10 "为什么爸爸的胳肢窝会长"头发"？"

情景再现 今天是周末，林林想要去踢球啦。爸爸陪着林林在公园里踢了很久的球。踢完球回来，林林和爸爸浑身都被汗弄得湿漉漉的。于是两人便嘻嘻哈哈地一起走进卫生间洗澡。在洗澡的过程中，林林仿佛发现了新大

七 孩子对身体的提问

陆，一边看着爸爸，一边异常惊奇地问爸爸："爸爸，你的胳肢窝怎么长头发了？"

常见的回答　"这可不是头发！"

专家分析

孩子从 3 岁开始进入性别认知阶段。在洗澡的时候，父母经常会被问及体毛的问题。孩子习惯地将所有的"毛"和"发"定义为"头发"，凭他们有限的观察经验，他们认为"头发"都该长在头上，所以，当孩子看到父母与自己有所不同时，心中立刻会产生种种疑问。当孩子问"为什么会长毛"的时候，要想用科学的说法来回答似乎太困难了。

消极的回答　"看什么看，赶快洗！"
"从小就不学好啊，看别人隐私！"

合理的回答　"这个是腋毛，不是头发。人到了青春期就会长腋毛。"

举一反三

直截了当型——"这个不叫头发，叫腋毛。人长大了都会长腋毛的！"

预测未来型——"这个是腋毛，长大就会长。有腋毛就是男子汉，就要独立自主啦！你要多学本事，以后才能独立哟！"

树立榜样型——"孩子，这是腋毛，不叫头发！你看爸爸是不是很强壮？人长大后，长了腋毛，身体就会越来越强壮！"

 温馨提示

家长的回答要满足孩子的好奇心，同时还应向孩子说明人的生长历程。

八 反映孩子身心的提问

1 "我怕黑暗怎么办？"

情景再现 3岁的晶晶胆子特别小，只要天一黑，就缠着妈妈不松手，一步不离地跟在妈妈身后，有时候都使得妈妈没办法做事情。有时候，晶晶妈妈会对孩子发脾气、打几巴掌，可是晶晶大哭之后，还是缠着妈妈不放，还哭着对妈妈说："妈妈，我怕黑暗怎么办？"

常见的回答 "黑暗有什么好怕的，真是磨人呀！"

专家分析

幼儿对黑暗的恐惧大部分是源于他们的想象。这时的宝宝们想象力丰富，分不清现实与想象的界限，想象黑暗中有鬼、有大灰狼等让其害怕的东西。在黑暗中，孩子容易把恐惧扩大化，这是这个年龄段孩子的认知特点。爸爸妈妈应该耐心地从正面引导，并在宝宝有了一点进步的时候及时加以肯定和鼓励，逐步消除他们对黑暗的恐惧。

怕黑暗是孩子普遍存在的问题。轻度怕黑暗是正常的，但如过分怕黑暗，甚至惧怕黑夜，将会影响孩子的性格发展。

消极的回答 "黑暗又没有鬼，你怕什么，真是搞不懂你！"
"你真是个大麻烦，再这样烦人你就给我出去！"

八 反映孩子身心的提问

合理的回答 "宝贝儿,别害怕!妈妈带你去打开灯看看,你看看房间里只有家具啊,什么东西也没有,没有什么可怕的。妈妈陪你玩会儿。"

举一反三

沟通引导型——"宝贝儿,你怕黑暗是因为什么呢?能跟妈妈说说吗?"

快乐承诺型——"宝贝儿,你看,房间里没有什么不一样的东西。妈妈陪你玩一个你喜欢的游戏,然后你跟妈妈一起去做饭好不好?"

温情传递型——抱着孩子说:"宝贝儿,别害怕!有妈妈在呢!房间里没有什么特别的东西,来,妈妈带你去看看。"

温馨提示

家长不要用一些不相干的事物吓唬孩子;要有选择地引导孩子观看影视作品;在孩子面前家长应扮演勇敢的角色。不少孩子都特别喜欢听故事,家长可以充分利用这个特点,在黑屋子里讲一些美好快乐的、具有引导意义的故事。

2 "我肯定过不去的对吗?"

 雅雅是个老实内向的小朋友,她今年快5岁了。在幼儿园放学之后,雅雅的不少同学都去操场上玩滑滑梯、过绳索等游戏,可是雅雅从来不去。因为第一次来幼儿园,雅雅在妈妈的鼓动下去过绳索,可是她一上去就不敢走,蹲在原地不敢动。妈妈只好把雅雅抱下来。雅雅下来就哭了,对妈妈说:"我肯定过不去的对吗?"

常见的回答 "怎么会呢,雅雅是最勇敢的孩子呀!"

专家分析

自信就是信赖自己的能力,能力是自信的基础。能力的基础是经验。让孩子多尝试，建立经验，培养能力，增强孩子的自信。鼓励孩子多用本身的能力，无论是思考还是行为，在种种事情上多肯定孩子做到的效果，孩子便能建立自信。

家长不要只看到孩子的失败，看不到孩子的成功。不要经常替孩子做他本来可以做的事，不让孩子去尝试、突破。更不要经常批评而很少嘉许。

消极的回答 "你真是胆小，连这个游戏都怕。"
"你怎么不听话，让你玩都不玩，一点都不乖！"

合理的回答 "宝贝儿，第一次上去，要是我也会很害怕的。你都蹲在上面很久，比妈妈强多了！"

举一反三

树立自信型——"宝贝儿，你刚才在上面是不是很害怕？可是你用手扶好，就没有掉下来是不是？那就证明你可以抓得很牢，站得也很稳。我们先去玩其他的，好不好？"

快乐承诺型——"宝贝儿，你刚才已经努力了，如果能站起来往前走一步就更好了，我们可以以后再来尝试，现在玩玩荡秋千怎么样？"

示弱鼓励型——抱着孩子说："宝贝儿，刚才你可能有些紧张，不过要是妈妈这么小的时候，肯定都吓坏了，你比妈妈强多了！"

温馨提示

家长平时要尊重孩子的想法和语言，让孩子感到有他自己的地位，会使孩子更易产生责任感和自律。有事情多让孩子参与，在参与的过程中，孩子的自信、自爱和自尊最容易培养出来。

3 "妈妈，你跟我一起来玩好吗？"

情景再现 1岁前的宸宸肥嘟嘟的，见人就笑，很讨人喜爱。满以为她

八 反映孩子身心的提问

会是个活泼开朗的孩子，没想到到了2岁，宸宸却越来越沉静，总是喜欢躲在家人的身边，不愿参加同龄小朋友的游戏，别人给她玩具，即使很喜欢，她也不敢伸手去拿。"她就是胆子太小！"爷爷奶奶总是这样说。宸宸妈带她去游乐场玩，宸宸从不跟其他小朋友玩。她总是会说："妈妈，你跟我一起来玩好吗？"

常见的回答 "你自己去跟其他小朋友玩，我不跟你玩。"

专家分析

现在的独生子女多，住房条件也是独门独户，无形中使孩子从小接触外界的机会减少。家庭生活中，大家又往往以孩子为中心，久而久之，孩子不知道除了家人以外，该和别人怎样打交道。孩子胆小、不合群往往是父母引导不善造成的，父母应该自我反思和纠正。家长总对孩子说不行、不可以，就会使孩子更加依赖父母。家长要扩大孩子交往的圈子，在待人接物方面也要做好榜样，平时多给孩子一些动手的机会。在孩子做得好的时候，要及时给予鼓励。

孩子不肯跟陌生小朋友玩，家长不要着急，不能强行要求孩子跟别人玩。只要多给孩子机会，孩子就会慢慢习惯和其他人交往。

消极的回答 "你再这样不听话，胆小不跟人家玩，我就不要你了。"
"你今天必须跟别人玩，没有商量的！"

合理的回答 "宝贝儿，妈妈先陪你玩。（等有小朋友靠近时）宝贝儿，你看这位小朋友玩得真好，你跟他一起玩一会儿，妈妈再陪你玩，怎么样？"

举一反三

耐心鼓励型——"宝贝儿，妈妈是家长，不能进来玩。旁边有个小妹妹，她有些不太会玩，你去帮助她好不好？"

熟悉环境型——"宝贝儿，你看那个小屋，就像是咱们家的一样，你肯定会喜欢玩的，妈妈在旁边陪着，你去玩吧！"

布置任务型——"宝贝儿，游乐场家长不能进！你去里边找找，看有几个兔子，回来告诉妈妈！"

父母妙答：好孩子的怪问题

**温馨提示**

孩子是上天带给我们的礼物。每个孩子都有独特的性格和脾气。作为父母，不要用一个标尺去衡量孩子。要在尊重孩子天性的同时，用自己的爱和耐心给孩子适当的引导。

4 "妈妈，你能陪我睡吗？"

情景再现 壮壮快6岁了，可他就是不肯一个人睡，一直说要和妈妈睡。今天，又到了壮壮睡觉的时间，壮壮妈妈很早就让壮壮上了床，然后坐在床边给他讲故事。讲了很久，壮壮也没有睡意，壮壮妈妈实在很累了，就让壮壮睡觉。壮壮扑到妈妈怀里，搂着妈妈的脖子说："妈妈，我不想一个人睡，你能陪我睡吗？"

常见的回答 "这么大了，该自己睡觉了。你再不睡觉老鼠就出来了！"

专家分析

孩子提出这个问题，是因为不想单独睡觉。如果孩子是因为恐惧而不愿意分床睡，家长要允许孩子表露他的恐惧，及时开导孩子，使孩子懂得没有什么可怕的。也可以给孩子一些简单的玩具，帮助孩子建立安全感。

家长应尽可能地创造条件，让孩子与父母分床而睡。分床睡可以保证孩子的睡眠，也可以培养孩子的自理能力和应变能力等等。

消极的回答 "这么大了还不睡觉，真是长不大的孩子！"
"闭嘴，赶快睡觉，再不睡觉就把你扔到窗外去！"

合理的回答 "宝贝儿，你已经长大了，该自己睡觉了。老师告诉我，你今天在幼儿园睡得可好啦！今天晚上，你只要像在幼儿园一样睡觉就可以啦！"

八 反映孩子身心的提问

举一反三

引导思考型——"宝贝儿，到了你这个年龄，就应该锻炼自己的独立能力，这样你才能保护妈妈。要想长大就要学着自己睡觉，你想不想长大呢？"

快乐承诺型——"宝贝儿，妈妈陪在你身边，你安心地睡觉吧！妈妈喜欢自己睡觉的宝宝！"

温情传递型——"宝宝是不是害怕呀？妈妈像你这么大的时候也会害怕，后来才知道根本没有什么可怕的东西。宝贝儿不要害怕，妈妈就在你的身边，你赶快睡觉吧！"

 温馨提示

刚开始分床睡前，可以坐在小床前给孩子讲讲故事，和孩子说说话，消除孩子睡前的孤单，也可以亲亲他的额头，使他感到家长的爱，有安全感，然后再循序渐进地培养孩子的独立精神。

5 "妈妈，我要一套星球大战人物玩偶，给我买好吗？"

情景再现 星期天一大早，军军妈妈就带着快6岁的军军出了门，他们要去动物园。军军妈妈终于有时间带他出门玩了，可以让放了假关在家里快一个月的军军透口气了。但是，一进动物园，军军就发现了气球和风车，他就央求妈妈给他买了这两样玩具，他的心思压根儿就没放在动物园里的动物们身上。军军一手拿着气球，一手举着风车，高兴地跟在妈妈身后。过了一会儿，军军看见地摊上有一整套的星球大战人物玩偶，他又立刻提出了新的要求："妈妈，我要一套星球大战人物玩偶，给我买好吗？"

常见的回答 "你已经买了那么多了，怎么还好意思再买玩具？"

专家分析

家长的观念决定着孩子的成长，如果家长平时满足孩子的一切要求，孩子的物欲就会不知不觉地养成了。3～6岁的孩子容易被新奇的东西吸引，欲望也似乎永无止境。实际上，孩子的思维很单纯，关注点是"我喜欢"，并不懂得考虑物品性价比，以及父母的经济承受能力，其头脑中也没有买东西是因为需要的概念。所以，应该让孩子懂得，如果想要什么东西的话，就必须有所付出。

消极的回答 "那是骗人的东西，不要买！"

"你要是还要买东西，我就不带你回去，让你躲在桥洞里要饭去。"

合理的回答 "妈妈只带了50块钱，给你买风车和气球已经花掉15块，门票20块钱，现在只剩15块钱了，是要吃午饭的钱。你很想要这套玩偶是不是？那你以后帮爸爸妈妈干活挣钱，或者把每月给你的零花钱存起来，存够了你自己再买吧！"

举一反三

引导思考型——"你很想要那套玩偶吧？可是你知道吗，还有更多的玩具，你一定也很想要，但是我们没有那么多钱来买所有的玩具。你已经有气球和风车了，你看妈妈一件玩具也没有是不是？好好玩风车吧！"

坚决说不型——"不行，这两样玩具够你玩很久的啦！"

温情传递型——"不行！咱们今天出来，你只能买两样东西，现在已经买够了！"

温馨提示

家长在带孩子出门前，最好事先和孩子说好出门的目的，并且告诉孩子只能给他买一样东西，他要买什么可以自己选择。在带孩子购物时，只购买家庭生活必需品，远离零食、玩具柜台，让孩子知道逛街是为了给家里购买必需品。

6 "水果为什么要先给爷爷、奶奶?"

情景再现 在家里,岁的满满一直被视为最最重要的宝贝儿,爷爷、奶奶、爸爸、妈妈四个人宠着他。每次吃饭,爸爸、妈妈会给他盛好,把最好的菜夹给他;爷爷、奶奶千哄万哄,追着喂满满才肯吃。家里买了什么好吃的,都是给满满先"品尝"。满满妈妈实在看不下去了。今天,家里买了好吃的荔枝,这是满满最喜欢吃的水果呀!刚从幼儿园回家,满满看到水果高兴极了,洗完手就要吃水果。满满妈妈拦住了他,要他先给爷爷奶奶吃。满满不愿意了,大声说:"水果为什么要先给爷爷奶奶?"

常见的回答 "家里有好吃的,就要先给爷爷、奶奶、爸爸、妈妈呀!好东西要大家分享!"

专家分析

现代家庭,"421"模式成了大多数。爷爷、奶奶、姥爷、姥姥、爸爸、妈妈6个家长围着一个孩子转,孩子是"小太阳"。这样很容易让孩子形成以我为中心的小霸王性格,更谈不上孝敬父母、尊重长辈了。所以家长平时要多注意教育、培养孩子尊重老人的良好习惯。

培养孩子孝敬长辈的行为习惯要从小事入手,如吃饭时可以让孩子去请爷爷、奶奶,有好吃的东西不能一个人独有,要求孩子承担力所能及的家务劳动等。在这些活动中,如果能够得到长辈的称赞,孩子也会感到愉快,时间长了,孩子就会养成尊敬长辈的良好习惯。

消极的回答 "让你做,你照办就是,怎么那么多废话!"
"你就知道自己吃,真是个饭桶!"

合理的回答 "有好的东西就要大家分享。爷爷、奶奶是长辈,要尊重长辈,所以东西要先给爷爷、奶奶吃!"

举一反三

引导思考型——"宝贝儿,你是不是很想立刻吃到荔枝呢?这么好的水果,妈妈也会想早点吃到。可是爷爷、奶奶是长辈,我们是不是要尊重长辈呀?所以水果要先给爷爷、奶奶吃,等会儿你再吃。"

赞扬激励型——"宝贝儿,你先送给爷爷、奶奶,然后你再来拿水果吃。宝宝知道,小朋友是要尊重长辈的!"

温情传递型——"宝贝儿,爷爷、奶奶辛苦了一辈子,要好好休息了!我们有好吃的好玩的,都要先给爷爷、奶奶,等满满长大了,满满也会有人尊重的!走,我们一起把水果送给爷爷、奶奶,等会儿就轮到满满吃啰!"

温馨提示

要让孩子学会尊敬长辈,首先家长要做好榜样,比如有什么好吃的东西先给老人吃,这样孩子也就会潜移默化地尊敬家中长辈了。

7 "为什么要给奶奶让座?"

情景再现 婷婷已经4岁了,是个惹人怜爱的小姑娘。今天,婷婷妈带婷婷去姥姥家,要坐婷婷最喜欢坐的公交车了。今天是周末,坐车的人很多,婷婷和妈妈挤在一个座位上。过了几站,过道上也站满了人。这时车靠站,上来了一位老奶奶,大约70多岁,可是没有人给她让座。婷婷妈妈让婷婷站起来,然后把座位让给了老奶奶。婷婷站在过道上,有些不高兴地问:"妈妈,为什么要给奶奶让座?"

常见的回答 "你已经长大了,能自己保护自己了。但是老奶奶需要我们的帮助呀。"

专家分析

孩子虽小,但一些好习惯就是从小养成的。家长要有意识地培养孩子的好

八 反映孩子身心的提问

品质，在保证安全的前提下，能够帮助别人的时候就多帮助别人。

消极的回答 "怎么就管自己呢，不懂事的孩子！"
"你真是个自私的孩子，妈妈不喜欢你！"

合理的回答 "老奶奶年纪大了，跟我们比起来，她更需要我们的帮助。婷婷长大了，我们试试在公交车上，能不能自己扶稳。"

举一反三

引导思考型——"宝贝儿，奶奶上车没有座位，是不是容易发生危险呢？婷婷已经4岁了，是不是可以自己站好扶稳了呢？我相信婷婷一定会保护自己！"

诚恳赞扬型——"婷婷，你看你给奶奶让座了，奶奶很高兴，还谢谢你了。看到别人有困难的时候帮助别人，这样当我们有困难的时候，才能得到别人的帮助。婷婷今天表现很好，我们来看看婷婷是不是自己扶着把手乘车也很好？"

温情传递型——"宝贝儿，我们也需要座位是不是？但是我们要把座位让给最需要的人坐！婷婷今天做得很棒！"

温馨提示

尊老是中华民族的传统美德。俗话说："留金留银不如留德。"良好的品德是孩子一生的财富。

8 "为什么不能说假话？"

情景再现 3岁的新新从幼儿园郊游回来，绘声绘色地跟妈妈说："老师带我们坐着校车，到了一个特别好玩的地方，有好多花、好多树，老师还带我们采摘。有一棵大树，我爬得特别高！"新新妈很纳闷儿："老师带你们爬树啦?""不是,就我自己爬了,没有老师,别的小朋友也没爬,他们都不会爬,就我爬得特别高! 妈妈,我告诉你,爬树特别好玩儿!"新新妈妈想,老师怎么不看着孩子呢?第二天新新妈妈找到了幼儿园的老师,老师告诉她,郊游去的是农艺园,采摘是真的,爬树却是没影儿的事。当晚回家,新新妈妈就告诉新新不要说假话。新新好奇地问:"妈妈,为什么不能说假话呢?"

常见的回答 "你撒谎还问问题呢,真不要脸!"

专家分析

年幼的孩子经常分不清自己想象与现实之间的界限,会把他自己想象的东西当做事实加以描绘,形成无特殊目的的谎言。这种"谎言",实质上是孩子想象的反映。有时,孩子的软弱也会导致他们退缩而编造谎言。这种谎言属于防御和自我保护性的。发现孩子说谎时,家长不要着急,更不能大发脾气。应让自己冷静下来,找到孩子说谎的根源所在,在尊重孩子自尊的同时,选择恰当方法,帮助孩子改正。

消极的回答 "你这个臭小子,就知道给妈妈丢脸,生你有什么用!"
"你就知道给妈妈找麻烦,你出去,我不要你了。"

合理的回答 "宝贝儿,说假话就像故事《狼来了》里面的小男孩一样,到后来会没有人相信他。宝贝儿,你想不想像那个小男孩呢?"

举一反三

类比型——"宝贝儿,如果妈妈说要给你买玩具,结果却没给你买,你会不会生气呢?以后还相信妈妈的话吗?你如果对别人说假话,别人就会很生气,以后就不会相信你了。"

故事启发型——"宝贝儿,你还记得《狼来了》里面那个小男孩吗?是不是因为他说假话,结果后来狼真的来了,大家都不相信他了是不是?你要跟他一样吗?"

设身处地型——"孩子,如果你没有吃饭,妈妈却说你吃了,你会不会生气呀?说假话会让人生气对不对?那你还要让妈妈生气吗?"

**温馨提示**

孩子说谎，家长不要心急，要注意尊重孩子，照顾孩子的自尊心，让孩子意识到自己的错误，避免今后犯类似的错误。

9 "为什么不要跟姐姐抢东西？"

情景再现　熊熊家里来了客人。楼下的小姐姐来熊熊家玩，两个小伙伴刚开始高高兴兴地手拉手出去玩，不一会儿，两人为了地上的几个木头块（邻居家装修，有几个装修时锯下的木头块）争了起来。熊熊在争执中表现得极其没风度，大声尖叫，不停地推搡姐姐，而且不听劝导。

熊熊爸爸开始时好言相劝，为了平息他的怒火，又返回家中拿来好的木头块给他，但却被他打掉在地上，非得要跟姐姐抢那几个木头块。面对他近乎歇斯底里的胡搅蛮缠，熊熊爸爸最后失去耐心，打了熊熊的屁股，告诉他以后不能跟姐姐抢东西。熊熊被打，觉得很委屈，抽抽搭搭地问："为什么不要跟姐姐抢东西啊？"

常见的回答　"说了不要抢就不要抢，没什么好商量的！"

专家分析

孩子2岁左右，随着自我意识的逐步加强，开始学会拒绝，开始在乎"自己的"东西。尽管家长反复给他灌输"分享"的意义，但可能收效甚微。孩子爱吃的食物、喜欢的玩具，别人是绝不能碰的。如果家长强迫其把手里的东西给别人，肯定会换来孩子的拼命反抗和大哭大叫。

孩子不肯与人分享是很自然的，因为很小的孩子常常认为凡是他们能够得到的东西都是属于他们的。但是这个阶段的孩子也喜欢讨家长的欢心。如果能借机教育他们要学会分享，他们长大后就能跟同龄伙伴一起好好玩。

消极的回答 "这么小就会抢东西,长大还不成了强盗!"
"抢东西真让我没面子!"

合理的回答 "你很想玩那些木头块是不是?木头很少怎么办?我们去叔叔家问问还有没有好不好?叔叔家有很多,你谢谢叔叔,和姐姐一起玩木头块好吗?"

举一反三

设身处地型——"宝贝儿,你上次去幼儿园玩滑滑梯,露露不让你玩,你是不是很难过呢?如果你跟姐姐抢木头块,姐姐也会很难过的。你们两个是好朋友,有东西就一起分享,一起玩,就像故事里的小熊一样,好不好?"

游戏分享型——"宝贝儿,木头块很好玩,可是一个人玩就不是很好玩。这样,你和姐姐每个人拿五块,来做堆木头块比赛,看谁堆得又快又稳。"

温情传递型——"宝贝儿,你很喜欢这些木头块,姐姐要,你是不是不想给呢?我像你这么大的时候也会不愿意给的!后来我发现,要是我的东西不给小朋友玩,小朋友就会不喜欢跟我玩。你知道我是怎么做的吗?我就拿着玩具和小朋友一起玩。你的木头块要不要跟姐姐一起玩呢?"

温馨提示

父母需要知道与人分享并不是孩子自发的,你必须教给孩子如何去做。首先父母要消除焦虑心理,不要拿自己的宝宝和别的孩子比较,即使是同龄的。给孩子时间,先"自私"后分享。当孩子表现好时,多表扬多鼓励。也可以将一些分享的故事讲给孩子听,帮助孩子建立分享的意识。

10 "我不收拾玩具行吗?"

情景再现 格格每天都会花时间玩模型玩具车,拼拼装装,忙得不亦乐乎。不过,每次玩完之后她就拍拍屁股走了。格格妈妈看不过,只好帮她收拾这些零零碎碎的玩具。有几次格格妈妈试过让她自己收拾,刚开始她还乐意,收拾了几次又不收拾了。格格妈妈不知道有什么好办法让她自己动手收拾玩具。今天,格格又拿出玩具车来玩,玩过之后依然不收拾,就去看电视了。格格妈妈要求她收拾玩具,格格说:"妈妈,我想看电视。我不收拾玩具行吗?"

常见的回答 "不许看电视,赶快来收拾,否则你给我出去!"

专家分析

不少家长都抱怨孩子不收拾玩具,弄得家里一团糟。其实孩子不收拾玩具,家长有一定的责任。不少宝宝刚开始不收拾玩具,家长会帮忙收拾,孩子自然认为玩具不需要自己收拾。有的家长会觉得,孩子收拾玩具收拾得不好,会不停地指摘孩子做得不好的地方,孩子自然不愿意做费力不讨好的事情。

要让孩子学会收拾玩具,实际上是一个习惯的养成问题。一个好习惯的养成,是一个长期的过程,决不是家长下个指示或发通脾气就能完成的。对于孩子来讲,以游戏形式出现的劳动是容易接受的。等孩子收拾完毕,家长应该对孩子表示鼓励和肯定。每次游戏结束都要提醒孩子收拾玩具,持之以恒,孩子就能养成收拾玩具的好习惯。

消极的回答 "赶快收拾玩具,不收拾连你一起扫到门外去!"
"你真是个好吃懒做的家伙,我不喜欢你!"

合理的回答 "宝贝儿,你是先收拾玩具,还是先看电视呢?"

举一反三

引发同情型——"宝贝儿,玩具车要回到车库去啦,现在它一个人在外面,它在哭呢!它在说:'格格,求你帮帮我吧!'"

快乐游戏型——"宝贝儿,我们来做个游戏,这里有五辆车,妈妈这边三辆,你那边两辆,我们看谁先把车运送到车库好不好"

引起责任心型——"宝贝儿,妈妈要收拾屋子了!这些玩具还要不要呢?不要妈妈就扫掉了!"

 **温馨提示**

不少宝宝在开始自己收拾玩具时,由于缺乏经验,同时得不到家长的正确指导,常常是做一半放一半,最后习惯了乱摊乱放的做法。当孩子有了独自拾玩具的意识时,家长就应该保护其主动性和积极性,只要孩子愿意,就让他自己做,即使做得不好也没关系,不要因为做得不好就给予呵斥。当孩子在用特别的方式收拾玩具时,也别阻止,让其继续。

11 "我唱得不好怎么办?"

情景再现 今天是六一儿童节,珊珊跟爸爸妈妈一起去参加活动中心的六一联欢晚会。晚会上,珊珊要表演节目——唱一首儿歌。今天活动中心有很多人,珊珊很紧张,站到台上唱歌的时候,有的地方都跑调了。下台后,珊珊很难过,觉得自己唱得不好,闷闷地站在妈妈身边不说话。妈妈向珊珊送上关切的目光,珊珊委屈地说:"妈妈,我唱得不好,怎么办?"

常见的回答 "珊珊,你唱得很好啊,肯定会拿奖的!"

专家分析

挫折是指个人在进行有意识的活动时受到的阻碍以及所产生的情绪状态。孩子年龄小,社会阅历少,处理问题的能力较弱,遇到挫折往往会不知所措,有的孩子甚至会意志消沉,导致心理疾病,造成不良后果。在家庭教育中,家长要帮助孩子解决问题,度过难关。

家长可以采取各种行之有效的方法及时帮助孩子摆脱困境,但是不要草率或者干脆置之不理。孩子遇到挫折,家长不要大惊小怪或过度紧张,应与孩子一起正确面对,让孩子在挫折中吸取教训或受到锻炼,使孩子慢慢成熟。

消极的回答 "你本来唱得也不怎么样嘛!"

"没事,我们来看,还有比你更差的呢!"

合理的回答 "珊珊,妈妈知道你已经很努力了。虽然有个地方跑调了,可是如果我们多练习,就会唱得更好的!"

举一反三

冷静分析型——"宝贝儿,你已经努力了。唱得不是特别好,是因为今天人很多,你有些紧张是不是?没有关系,以后到人多的地方多练习就会很好了。"

精神发泄型——"珊珊,妈妈知道你已经努力了。你有什么话想跟妈妈说吗?"

转移注意型——"珊珊,妈妈知道你很努力了!对了,老师说一会儿有个游戏要你参加呢!"

温馨提示

当孩子遇到挫折时,家长可以鼓励孩子去参加其他有益的活动,转移其注意力,使其精神得到缓解和松弛,帮助孩子度过难关。

12 "我好怕刮风怎么办?"

 北京的风是粗放的,不像南方的风那么温柔。尤其是到了冬天,那风像冷箭一样,穿过厚厚的衣服、裤子,让你的身体慢慢地麻木。静静已经3岁了,身体比较弱,老爱生病,到了冬天就不停地生病吃药。今天,静静妈妈送静静去幼儿园,风很大。当她们走到幼儿园后面小区的过道时,风大得让人难以呼吸,静静妈妈就抱着静静,可是风太大了,静静妈妈每走一步都很艰难。静静在妈妈怀里,很担心的样子,在妈妈耳边说:"妈妈,我好怕刮风怎么办?"

常见的回答 "风有什么好怕的!"

专家分析

孩子害怕刮风，可能是用这种方式引起家长的关注，从而获得更多的关爱；也可能是受了惊吓，泛化对风的恐惧上；还可能是因为家长非常胆小焦虑，感染了孩子。家长要仔细询问孩子，找到孩子害怕刮风的原因，找出合适的办法帮助孩子。在刮大风的天气，要注意给孩子保暖，更要让孩子学会勇敢面对。

消极的回答 "连风都怕，你还能干什么呀？"
"胆小鬼，怎么连风也害怕呀？"

合理的回答 "宝贝儿，为什么会害怕呢？告诉妈妈，看妈妈能不能帮助你。"

举一反三

引导思考型——"宝贝儿，为什么会害怕刮风呢？夏天吹电风扇，那也像刮风一样呀，你害不害怕呢？风是不是没什么可怕的呢？"

增进理解型——"宝贝儿，是什么让你觉得风可怕呢？风有很大的用途，可以用来发电，还可以用来放风筝，是不是很有意思呀？"

温情传递型——"宝贝儿，妈妈抱着你呢，不用担心！你是害怕风什么呀，跟妈妈说说。"

温馨提示

孩子行为、语言异常时，家长不要焦虑，不要紧张。要让孩子倾诉，找到孩子异常的原因，找到合适的办法帮助孩子。

九 孩子对交通知识的提问

1 "看到红灯为什么要停?"

情景再现 豆豆已经两岁多了,可以和妈妈一起出门坐公交车了。今天,妈妈带豆豆去书店买识图卡,需要坐公交车,豆豆别提有多高兴了。她很高兴地和妈妈上车了。可是刚坐了一会儿,车就停了,豆豆赶紧问妈妈是怎么回事。妈妈告诉她,现在是过路口,在等红灯呢。汽车在过路口的时候,看到红灯就要停下来。豆豆很好奇地问:"看到红灯为什么要停呀?"

常见的回答 "这是交通规则规定的。"

专家分析

我们知道,设有交通指示灯的地方往往是交通情况复杂、行人密集的地方,也常常是交通事故多发区。特别是在不好的天气里,比如在北方的冬季或沿海一带经常会遇到雾气很大的天气,在这种情况下,由于红光散射相对较差,穿透能力较强,可使驾驶人员首先看到红灯,从而提醒驾驶员尽早减速以保证行车安全。红绿灯可以美化城市,然而交通安全更为重要。

孩子问到这个问题的时候,家长可以简单解释原因,主要告诉孩子交通规则,毕竟安全是最重要的!平时在马路上行走,家长也要做好榜样,等到绿灯亮时再走。

消极的回答 "政府就这样规定的。"

父母妙答：好孩子的怪问题

"你怎么老问我不知道的东西呢？"

合理的回答 "因为红色最醒目，在下雨、有雾的天气也能看得很清楚，所以就规定红灯亮时停止。这样即使在不好的天气，人们也知道应停了。我们要时刻记住：红灯停，绿灯行。"

举一反三

引导思考型——"宝贝儿，你知道思考问题了。为什么设立红灯就要停，妈妈也不清楚。我们回家去找资料吧！不过你可以先考虑一下，如果用你喜欢的粉色或蓝色行不行？"

快乐承诺型——"宝贝儿，红色灯是规定的停止灯，一定要记住哟！回家我们可以做红绿灯过马路的游戏，你要不要玩呢？"

温情赞美型——"宝贝儿，你真厉害，现在就在思考这么难的问题了！可是妈妈也不知道答案，等你长大了，学习了知识，再告诉妈妈好不好？"

温馨提示

交通规则是人人都要遵守的，要强化孩子对交通规则的记忆。可以用儿歌教孩子，比如："大马路宽又宽，警察叔叔站中间，过马路要注意，红灯停，绿灯行。"

2 "为什么车要靠右边行驶？"

 小杰从小就喜欢汽车，到现在快6岁了，还是特别喜欢看车。今天，爸爸开车带小杰去郊游，小杰很仔细地看爸爸开车，一声不吭。爸爸开车开了很久，小杰突然好奇地问爸爸："为什么车要靠右边行驶呢？"

常见的回答 "交通规则定好了这样行驶呀！"

九 孩子对交通知识的提问

专家分析

我国的方向盘是在左边，道路行驶设定却是在右边，是为了汽车的安全。车辆在会车时，双方的驾驶员这一侧要做好目测，保证会车时不轻易发生刮碰。我们坐车的时候肯定经常发现车辆在相互会车时有时候感觉很近，然而驾驶员却神色正常，就是因为可以很好地做好目测。车辆驾驶上路做好安全的基本条件就是右转弯贴路拐，左转弯拐大弯，这样才不会发生互相占用对方车道的情况。

对快6岁的孩子，可以适当地给孩子解释一些交通原理，但是更好的办法是，让孩子自己去思考答案，培养孩子自己解决问题的能力。

消极的回答 "没看见我在开车吗？别跟我说话！"
"蠢家伙，怎么问这样弱智的问题！"

合理的回答 "这是交规规定的，到底是什么原因要这样规定，你自己找找答案，如果找不到，再问爸爸，怎么样？"

举一反三

引导思考型——"小杰，现在你知道要思考问题了，爸爸真高兴。为什么我们要靠右边行驶呢？你仔细考虑一下，如果不知道，咱们回家去找答案怎么样？"

诚实好学型——"小杰，看到你认真地思考问题，爸爸为你感到骄傲呢！这个问题爸爸也不清楚，你自己找找答案，有了结果再告诉爸爸好吗？"

交付任务型——"孩子，你长大了，知道思考很多问题了！这个问题交给你自己找答案，需要帮助时再找爸爸，怎么样？"

 温馨提示

"会偷懒的父母才是最聪明的父母"。这句话不无道理。引导孩子自己解决问题，比告诉孩子如何解决问题更重要！

3 "上高速为什么要领卡?"

情景再现 润润已经上幼儿园中班了,周末的时候,他会和爸爸妈妈去郊区玩耍。今天,爸爸妈妈开车带润润去郊区,因为怕堵车耽误时间,所以上了高速公路。爸爸开车到了高速公路入口,领了一张卡。润润忙问爸爸那是什么,爸爸告诉他,那是高速公路收费卡。润润好奇地问:"爸爸,为什么上高速公路要领卡呀?"

常见的回答 "这是高速公路上的规定!"

专家分析

不少高速公路路段,都是向过往车辆按照行驶里程收取通行费的。高速公路路段通常会设立进口,行驶车辆领取卡片,到出口上交卡片,来确定车辆的行驶里程,以里程为标准收费。

家长在回答孩子所提问题的时候,不必着急告诉孩子答案,可以给孩子时间,让他学习思考。

消极的回答 "你知道要领卡就行了,问那么多干吗?"
"没事别打扰我,没看到我正在开车吗?"

合理的回答 "孩子,在高速公路上行驶是要收费的。那你想想看,为什么上高速公路要领卡呢?"

举一反三

引导思考型——"宝贝儿,你观察得真仔细。那你想想看,我们上高速公路是不是要交费呀?费用怎么计算呢?是不是按照里程呢?那领卡有什么用呢?"

步步推进型——"孩子,上高速公路是要收费的哟,那我们怎么来确定收多少费用呢?是按里程对不对?怎么来计算里程呢?卡片记录了我们的进口,到出口的时候,就可以计算我们行驶了多少里程,是不是就好计费收钱了?"

鼓励思考型——"宝贝儿,别着急!等到出口你再观察,如果还不知道答案,爸爸再跟你一起讨论好不好?"

 温馨提示

在高速公路行驶,尤其要注意安全。家长在开车的时候,应尽量少交谈。对孩子来说,给他时间思考,是引导他学会观察世界的一个方法。

4 "120为什么可以走应急车道?"

情景再现 今天,丁丁一家要去电影院看电影。因为是等丁丁上完幼儿园才开始走的,所以丁丁爸爸决定开车走主路。可是今天主路也很堵,行驶很缓慢。在丁丁爸爸紧跟着前面的车行驶的时候,丁丁像发现了新大陆:"爸爸,旁边还有一条道呢!我们走旁边的那条道吧!"爸爸告诉丁丁,那是应急车道,不可以走。正在这时,一辆120救护车从应急车道疾驰而去。丁丁很好奇,问:"爸爸,120为什么可以走应急车道呢?"

常见的回答 "120救护车是可以走应急车道的。"

专家分析

应急车道主要在城市环线、快速路及高速公路两侧施划,专门供工程救险、消防救援、医疗救护或民警执行紧急公务等处理应急事务的车辆使用,任何社会车辆禁止驶入或者以各种理由在应急车道内停留。

应急车道是生命线,社会车辆没有理由在应急车道上行驶。家长可以教育孩子遵守公共秩序,保护我们共同的生命线。

消极的回答 "咱们自己不走就行了,管那么多干吗?"

"那是特权车。"

合理的回答 "应急车道是专门供工程救险、消防救援、医疗救护或民警执行紧急公务等处理应急事务的车辆使用的,120属于医疗救护车,是可以行驶的。"

举一反三

引导思考型——"宝贝儿,你知道什么是应急车道吗?你想想什么车是应急的呢?什么车可以在这条道上通行呢?"

快乐承诺型——"孩子,应急车道是专门供工程救险、消防救援、医疗救护或民警执行紧急公务等处理应急事务的车辆使用的,120属于什么车呢?回家我们用你的汽车模型做个试验,看看如果我们占用应急车道,会发生什么严重后果,好吗?"

温情传递型——"宝贝儿,你观察得真仔细。你想想应急车道是干什么的,什么车可以通行?回家你告诉我好不好?如果你还不知道答案,那我们一起找!"

温馨提示

家长在驾驶时,遇到车流高峰或因事故发生交通拥堵,一定要让出应急车道,这意味着为生命让出通道。给孩子做个好榜样,让孩子正确认识我们的生命线。

5 "为什么不能占用盲道?"

情景再现 今天爸爸妈妈带3岁的艳艳出去散步。这一次她自己要求给爸爸妈妈带路,把爸爸妈妈挡在她的身后,好吧,今天让艳艳带路!

出门后,她开始习惯性地带着爸爸妈妈走到路的右边,爸爸妈妈一边跟着她,一边注意后面有没有自行车过来,毕竟她还只是3岁的小孩,走起路来有

九 孩子对交通知识的提问

时还要东拐一下,西窜一下。快走到要过马路的地方了,艳艳回过头来问:"妈妈,这条黄色的小路是干什么用的。"妈妈告诉她这是盲道,无论是走路还是干什么,都不能占用盲道。艳艳很好奇:"妈妈,为什么不能占用盲道呀?"

常见的回答 "盲道是给盲人走的路呀。"

专家分析

盲道是为盲人提供行路方便和安全的道路设施,盲道一般由两类砖铺就:一类是条形引导砖,引导盲人放心前行;一类是带有圆点的提示砖,提示盲人前面有障碍,该转弯了。普通行人不能随便在盲道上行走,更不能占用盲道。

消极的回答 "别说话,前面有人占用了盲道,你这样问,别人会打你的!"

"盲人才能走的道,当然不能占用啦!你真是个傻孩子!"

合理的回答 "盲道是专门为盲人行走铺的路。如果我们都在盲道上行走,或者占用盲道,有盲人过来了,可是却看不到路上有人或东西,会不会发生危险呢?所以盲道不能占用。"

举一反三

引导思考型——"盲道是给盲人使用的,如果我们占用了,会怎么样呢?"

反面论证型——"宝贝儿,盲道是给盲人走的,我们都不是盲人,不可以走对不对?"

温情传递型——"宝贝儿,盲道是专门为盲人铺的!普通人是不能走的,更不能占用,以免给盲人带来危险。"

温馨提示

家长带孩子出去逛街的时候,要始终如一地走人行道,不论是否赶时间;同时还要告诉孩子不能走盲道,以免给盲人造成不方便。

6 "飞机为什么要在滑行道与跑道交界处等待？"

情景再现 到了旅游的日子啦！瞳瞳跟着爸爸妈妈去坐飞机，这是瞳瞳第一次坐飞机。一路上瞳瞳都很兴奋，对机场高速、航站楼、飞机场、饮水处都很感兴趣，甚至连自动扶梯也要很仔细地观察，虽然他只有3岁。终于办完手续，坐上了飞机。飞机在跑道入口等待，瞳瞳就觉得很奇怪。电视上演的坐飞机，都是一下子就起飞，为什么还要停着呢？瞳瞳爸爸告诉他，飞机起飞前，都要在滑行道和跑道交界的地方等待。瞳瞳好奇地问："飞机为什么要在滑行道与跑道交界处等待呀？"

常见的回答 "飞机还没有得到起飞的命令呀！"

专家分析

飞机在起飞前，要在滑行道与跑道交界处等待。这是因为机场指挥塔台指挥那些要进港的飞机先降落，或让起飞的飞机依照顺序先后起飞。也可能是因为机场上空有时会出现短时间的恶劣天气，飞机要等到天气转正常时，才能听从塔台命令再起飞。飞机等待是为了保证飞机和乘客的安全。

消极的回答 "你怎么总是这么多问题，烦死了！"
"飞机要看谁不乖，不停地问问题，就要把谁扔下去，不让他坐飞机了。"

合理的回答 "就像公交车红灯亮时停，绿灯亮时才开始行驶一样，飞机也要等待飞行命令，就是指挥台给它的起飞指令。"

举一反三

引导思考型——"宝贝儿，你觉得飞机停在这儿是为什么呢？"
快乐承诺型——"宝贝儿，飞机停着是为了等起飞指令。我们耐心等待，一会儿就会起飞的!"

温情传递型——"宝贝儿,飞机等待起飞指令就要起飞了!飞机会飞很高,你会害怕吗?你害怕的时候,记住爸爸妈妈在身边,我们会保护你的!"

温馨提示

每个孩子都会有心急的时候:看到美食,迫不及待想要吃到嘴里;坐上车,就想让车一直不停地开……那是孩子的美好愿望。家长需要告诉孩子的是,耐心等待,是一种美德,更是一种涵养。

7 "为什么车要停在停车场?"

情景再现 焕焕已经3岁了,但是没有养成整理东西的好习惯,家里到处都能看到他的玩具。虽然平时焕焕妈妈也会定期整理,甚至每天跟在焕焕屁股后面收拾,但家里总是很乱,到处都是他的玩具。

周末的时候,焕焕妈妈把玩具房好好收拾了一下,把各种玩具进行了归类,还在书柜里开辟了一个空间专门放他的小汽车、飞机、摩托车等。为了保持家里舒适干净的环境,同时让焕焕能养成一个好习惯,妈妈收拾好后就告诉焕焕,从现在开始他就拥有了一个属于自己的停车场,停车场里还有交警叔叔,帮助看管焕焕的车。焕焕好奇地问:"妈妈,我看到叔叔阿姨们的车也是停在停车场。为什么要把车停到停车场呀?"

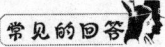 "车当然是要停在停车场呀!"

专家分析

我们都知道,汽车要停在停车场,上公交车要排队。这些看似平常的事情,在孩子那里,就是一个个神秘的世界。对孩子这样的问题,家长是敷衍还是哄骗呢?其实,没准孩子内心已经有答案了,不如让孩子来回答,你会发现,每个孩子都是神奇的精灵,他们的想象让你自叹弗如。

父母妙答：好孩子的怪问题

消极的回答 "这么简单的问题也要问呀，你真笨！"
"你管好自己的玩具就行了，管别人的车停哪里呢！"

合理的回答 "车子停在停车场，才不会占用其他的地方。比如你的轿车不停到停车场，是不是会占用地板、过道呢？那样就会给别人带来不便呀。"

举一反三

引导思考型——"车子如果不停在停车场，你觉得停在哪里好呢？"

分配任务型——"车子停在停车场，就不会占用小区的道路，车主、其他人都很方便了对吧？你的车也要管理好，不开了就停好哦！"

温情传递型——"宝贝儿，车子只有停在停车场，才是住进了自己安全的家！你的玩具车在晚上或不开的时候，都要让它们呆在自己的家哦！"

温馨提示

从家庭小事中，找到人人都应遵守的规则，让孩子懂得：人人都要遵守规则！

8 "为什么火车要在铁轨上走？"

情景再现 今天，航航妈妈带航航去动物园玩。为了节约时间，航航妈妈决定坐地铁。在等待地铁的时候，航航问妈妈："为什么火车道上有两根铁丝呀？"航航妈妈告诉他，这叫铁轨，火车是在铁轨上走的。航航好奇地问："火车为什么不在地上走，而要在铁轨上走呢？"

常见的回答 "火车不在铁轨上走就会倒掉的。"

九 孩子对交通知识的提问

专家分析

我们知道,火车比汽车重得多。如果火车的车轮直接压在地面上,地面就会陷下去,无法行驶。轨道可以增加车轮与地面的接触面积,从而降低火车对地面的压强,使车轮在滚动时不致下陷。此外,轨道下面还铺有宽大的枕木,也可以辅助轨道减小压强,使火车平稳行驶。

消极的回答 "火车本来就是在轨道上走嘛,这么简单的问题也要问,真是笨到家了。"

"你再提问就赶不上火车了。"

合理的回答 "宝贝儿,这个问题还真是好难啊。我们想象一下,火车那么多小轮子,在地面走的话,该要有多结实的地才能支撑啊!如果地面不坚固,火车轮子是不是会陷进地里去呀?"

举一反三

引导思考型——"宝贝儿,这个问题妈妈也不知道,等咱们回家去找答案吧。现在你可以思考一下,为什么火车要在轨道上行驶。"

亲身体验型——"宝贝儿,火车很重,轮子又小又多,在地面上行驶的话,是容易陷下去的。在铁轨上走就不会这样了。你等会儿坐地铁,看是不是很安全、很平稳。"

温情传递型——"宝贝儿,火车在地面行驶会把路都压坏的!铁轨很牢固,可以让火车安全、平稳行驶。等会儿你要不要自己坐在座位上感受一下?"

温馨提示

生活就是学问。从孩子的问题中,我们会发现,原来自己有很多东西不知道,要和孩子一起学习,共同成长。

9 "为什么要走斑马线呢?"

情景再现 田田每天都会跟妈妈出去散步。在街道拐角,妈妈带着田田经过斑马线时,田田很好奇地看着地面上醒目的白线。过了一会儿,田田问:"妈妈,刚才马路上画的白线是干什么用的。"田田妈妈告诉他,这是斑马线,行人过马路的时候必须走斑马线。田田好奇地问:"妈妈,为什么大家要走斑马线呢?"

常见的回答 "你知道要走斑马线就行了,怎么那么多问题!"

专家分析

城市街道的人行横道上有一条条的白线,又叫斑马线。20世纪50年代初期,英国人在街道上设计出了一种横格状的人行横道线,规定行人横过街道时,只能走人行横道,于是伦敦街头出现了一道道赫然醒目的横线,看上去这些横线就像斑马身上的白斑纹,因而人们称它为斑马线。司机驾驶汽车看到这条条白线时,会自动减速缓行或停下,让行人安全通过。斑马线至今在街道上仍然随处可见。设置斑马线是为了保护道路上的弱势群体——行人和非机动车,减少事故。所以,斑马线又被称为"生命线"。

斑马线是行人的生命线,尤其要让孩子记住,过马路一定要走斑马线。

消极的回答 "你问了太多问题啦!再问我就不搭理你了。"

"我们是去玩的,玩比问这种无聊的问题重要多了。"

合理的回答 "斑马线是专门给行人设置的路段,行人走斑马线,才能保证自己的安全呀。所以大家都要走斑马线。"

举一反三

引导思考型——"要是我们不走斑马线会怎么样呢?你看,没有斑马线的地方，汽车是不是都不减速的？到了斑马线，汽车会小心地开，这样走在斑马线上的行人就很安全对不对？"

动手实践型——"宝贝儿，斑马线能保障我们的安全。如果不走斑马线就会发生危险，我们回家用汽车模型做个试验好不好？"

严肃坚定型——"宝贝儿，你这个问题很重要！斑马线能保障我们的安全，所以大家都要走斑马线，无论什么时候都要记住哦！"

温馨提示

家长可以用儿歌强化孩子的记忆。比如："交通法规是个宝，自觉遵守要记牢。红灯停，绿灯行，黄灯起步准备好。先看左，再看右，安全保证很重要。行人要走斑马线，一切行动听指挥。"

10 "禁停区为什么不能停车？"

情景再现 华华已经3岁了，该准备上幼儿园啦！今天，华华妈妈带着华华去参观幼儿园。在幼儿园门口，华华看到地面上画了很多黄线。华华问："妈妈，幼儿园门口怎么画了那么多黄线呀？"妈妈告诉她，这些黄线区域叫禁停区。在这块地方，任何车辆都不能停。华华好奇地问："妈妈，为什么禁停区不能停车呀？"

常见的回答 "禁停区嘛，就是不让停车的意思。怎么连这个也不懂"

专家分析

禁停区设置是为了保持该段区域的道路通畅，任何车辆都不能在禁停区停留。尤其在学校、社区、商场等门口，为了保证道路通畅，都会设置禁停区。

孩子问到这个问题时，可以给孩子解释禁停区的含义，这样孩子就会明白了。

父母妙答：好孩子的怪问题

消极的回答　"你又不用开车，管那么多干吗？"

"小孩子没必要了解那么多，等你长大考驾照时自然会学到的。"

合理的回答　"禁停就是不能停的意思，禁停区就是这段区域不能停车。"

举一反三

事例对比型——"你知道禁停是什么意思吗？禁是禁止，停是停车，区是一块地方。禁停区的意思就是这块地方不许停车。就像我们有些地方都会标注禁烟区不能抽烟一样，禁停区就是不能停车的地方。"

游戏实践型——"禁停区就是不让停车的地方。咱们回家，用汽车模型做'过禁停区'的游戏好不好？"

机会教育型——"宝贝儿，禁停区就是不许停车的地方！就像你的玩具车不能停在餐桌上一样。"

温馨提示

孩子看到不熟悉的事物都会很好奇，满足孩子的好奇心，并不失时机地辅以教育，是一种值得发扬的方式！

11 "为什么要各行其道？"

情景再现　涛涛已经4岁了，晚饭后最喜欢跟着爸爸出去散步。夏日傍晚的街道，凉风习习，汽车、自行车、行人各行其道，一切都有条不紊。涛涛问爸爸："为什么汽车有汽车道，自行车有自行车道，行人也有人行道？"爸爸告诉他，车辆和行人都要各行其道。涛涛好奇地问："为什么要各行其道？"

常见的回答　"不遵守规定，一通乱走就会出交通事故的。"

九　孩子对交通知识的提问

专家分析

文明出行很简单，只要大家都遵守交通规则，"走自己该走的路"，其实，很多交通事故都是可以避免的。家长在孩子面前，要做好榜样，走人行道，过马路时走斑马线……

消极的回答　"你记住走人行道就行了，问那么多干吗？"
"这么简单的问题，自己想就行，还要问我，真是笨啊！"

合理的回答　"只有大家都遵守交通规则，才不会出事故呀。如果行人走到汽车道上，肯定会被汽车撞到，多危险呀。"

举一反三

引导思考型——"如果汽车开到自行车道，自行车会不会被撞呢？如果自行车在人行道上骑得飞快，行人会不会被撞到呢？不各行其道能行吗？"

机会教育型——"你看现在汽车走机动车道，自行车走自行车道，行人走人行道，是不是很有秩序，没有出现事故呢？就像我们吃饭的时候，不说笑，就不会呛到一样。"

动手实验型——"宝贝儿，行人和车辆要各行其道，否则容易出问题！我们回家用汽车模型做个试验好不好？到时候记得提醒爸爸！"

温馨提示

家长要告诉孩子，在马路上行走应"走好自己该走的路"，不要拿自己的生命开玩笑。

父母妙答：好孩子的怪问题

孩子对公共秩序的提问

1 "去银行办事为什么要排队？"

情景再现 欣欣已经两岁八个月了，活泼好动，妈妈去哪里欣欣都要跟着。今天，欣欣跟妈妈去银行交电费。可是妈妈在柜员机上操作时，怎么也交不上电费。于是欣欣跟着妈妈去拿号。妈妈在一个机器上按了一下，一个带号码的纸条就出来了。欣欣问拿这个纸条干什么。妈妈告诉她，拿号就是排队的意思，大家都在排队等候呢。欣欣好奇地问："妈妈，银行为什么要排队呀？"

常见的回答 "人多就要排队呀！"

专家分析

别看小小的排队，这是一个很重要的公共秩序。我们都知道，排队是为了公平，先来者先办事，后来者后办事。孩子知道了这个规则，就能理解很多事情，比如：幼儿园里，谁先拿到玩具谁先玩，谁先吃完饭谁先看电视……家长可以利用孩子的问题，给予孩子公共秩序方面的教育，让孩子多了解社会规则。

 "别说话，要排队已经很烦了，你还来问问题。"
"不要说话，再说话就让保安抓你！"

十　孩子对公共秩序的提问

合理的回答　"宝贝儿,如果不排队,大家都抢着办事,银行会不会很乱呢?会不会有的人后到却先办事,有的人先到却被挤到最后才能办事呢?如果排队的话,大家会按照先来后到的顺序办事,那样是不是公平了呢?在银行办事要排队,是不是很好呀!我们都要遵守规则,安静地排队等着叫号。"

举一反三

引导思考型——"宝贝儿,如果不排队的话,这里会怎么样呢?可能会像熬粥一样乱呢。你喜欢到乱的地方办事吗?不喜欢吧!到什么地方都要注意遵守规则,很多地方都需要排队,我们要做文明的人,要排队等候。"

快乐承诺型——"宝贝儿,排队大家就会按照顺序办事了,遵守规则,大家都很受益哟!咱们排一会儿队,一会儿就轮到咱们啦!"

循循善诱型——"我们排队,可以根据先来后到的顺序办事情!这样大家就不会争抢了。我们要遵守公共秩序哟!"

温馨提示

排队看似一个很简单的事情,但是要做到却不一定很简单。很多地方,排队排得好好的,可是有人会加塞。孩子看到了,怎么办?应当告诉他那是不好的榜样,不要学习。

2 "为什么要站在自动扶梯的右边?"

情景再现　童童已经快4岁了,爸爸妈妈决定带童童去爬山。今天一大早,童童就被爸爸喊起来,迅速洗漱完毕,吃过简单的早点就出发了。爸爸妈妈带童童坐地铁,出地铁的时候,有一段自动扶梯,童童看扶梯可以站两个人,可是爸爸妈妈只站右边。童童喊妈妈和爸爸一起并排站,可是妈妈摇摇头告诉童童,坐自动扶梯要站右边。童童好奇地问:"为什么要站在自动扶梯的右边呢?"

父母妙答：好孩子的怪问题

常见的回答 "这是规定嘛。"

专家分析

坐自动扶梯要站右边，左边是分流人群用的快速通道。所以走自动扶梯要自觉靠右边站立，不要几个人站在一起，占了左边的道路。那样的话，是很不礼貌的行为，也会给其他人带来不好的影响。家长在教育孩子时，要做好榜样，因为你就是孩子的偶像。

家长在回答孩子的问题时，不要敷衍，可以给孩子讲解一些为什么，或者让孩子自己学习找答案，加深孩子对规则的理解能力。

消极的回答 "靠左边站会被罚款！"
"告诉你怎么走就行了，怎么那么多废话呀！"

合理的回答 "宝贝儿，看旁边的牌子，上面写着'左行右立'，说的就是扶梯的左边是给人有急事走的，如果不着急，不愿意走，就靠右边站着。这样大家都很方便，不会互相干扰了。宝贝儿记住了吗？"

举一反三

设身处地型——"宝贝儿，如果你着急想要快点走左边，可是有人站在那里，你是不是就走不了了，那样你会不会着急呢？所以，不着急的话，就站在右边，这样对自己对别人都很方便对不对？"

快乐承诺型——"宝贝儿，我们不着急，站在右边，当有人着急赶路的时候，他们就会走左边，这样是不是大家都很方便呢？"

温情传递型——"宝贝儿，左边是给有急事的人留的，咱们不着急，就站在右边！等下了扶梯，我们再一起并排走！"

温馨提示

坐自动扶梯时，家长要注意：孩子一定要有家长陪同，可以牵着孩子的手，或者抱着孩子，虽然孩子会很想去探索扶梯是怎么行进的，但是安全是最重要的哦！

十 孩子对公共秩序的提问

3 "为什么坐车要刷卡?"

情景再现 冉冉今天要去动物园,一大早妈妈就带着冉冉去坐公交车。上了车,冉冉妈妈就刷卡找座位。冉冉看见了,问妈妈:"你拿着什么'嘀'了一下?"妈妈告诉她是公交卡,上车之后,就要刷卡。冉冉好奇地问:"妈妈,为什么坐车要刷卡呀?"

常见的回答 "坐车要交钱呀,刷卡就是交钱。"

专家分析

坐公交车要交钱,刷卡就是交钱的过程,这在家长脑海里是很好理解的事情,可是孩子却很难明白,光是要给孩子解释坐车为什么要交钱,就要费很大的劲儿。加上孩子很感兴趣的刷卡,家长怎么说孩子才会明白呢?用简单的事情作对比,不失为一个好主意。

常见的回答会让孩子很难理解,因为要孩子理解坐车刷卡和坐车要交钱两个概念,可不是很容易的事情。

消极的回答 "你别管了,我已经办好了,你只管坐车就是了!"
"闭嘴,再说话就把你扔到窗外!"

合理的回答 "宝贝儿,就像买东西要交钱一样,坐公交车我们享受了服务,也要交钱,'嘀'的一声是刷卡,刷卡就是一种交钱的方式。"

举一反三

引导思考型——"宝贝儿,你想,如果我们上车,是不是要交钱呢,就像买东西一样?'嘀'的一声是在刷卡,刷卡就是交钱的意思。这个就是刚才刷的卡,你要帮妈妈拿吗?"

快乐承诺型——"妈妈刚才是在刷卡,也就是交钱的意思,就像我们去超

父母妙答：好孩子的怪问题

市买东西要交钱，可以用纸币和硬币，也可以刷卡一样。"

寻求帮助型——"宝贝儿，你观察得真仔细！妈妈刚才在刷卡，也就是交钱的意思。下回上车你帮妈妈刷卡怎么样？"

 温馨提示

孩子对刷卡很好奇，并且很希望自己也能像家长一样刷卡。那么，就请孩子帮忙，帮你刷卡吧！

4 "为什么有人给我们让座？"

情景再现 球球要上幼儿园啦！这让4岁的球球兴奋不已。球球家离幼儿园还有好几站路呢，于是妈妈带着球球坐公交车去上幼儿园。等了很久，终于来了一辆车，球球和妈妈上去后，发现座位都坐满了人。这个时候，旁边的一位叔叔招呼球球，让球球去坐他坐的座位。球球妈妈让球球说了："谢谢叔叔！"坐下了，球球很奇怪地问："叔叔为什么把座位让给我们坐呢？"妈妈告诉他，叔叔看我们需要座位，就帮助我们，给我们让座了。球球问："为什么叔叔要给我们让座呀？"

常见的回答 "叔叔很善良，知道我们站着会很累也很危险，就把自己的座位让给了我们。我们以后也要帮助有困难的人。"

专家分析

我们可能会看到这样的现象，公交车上为有需要的人设置的专座上坐着的并不是真正有需要的人。道德从小就要注意培养。良好的道德品质是孩子一生的财富，也是人人应该遵守的社会规则。受到别人的帮助要表示感谢，自己也要尽可能地帮助别人，这个社会才是和谐的社会。

家长要帮助孩子了解社会规则，养成良好的道德品质。一个小小的帮助，往往不是收获帮助人得到快乐那么简单。

十 孩子对公共秩序的提问

消极的回答 "别人给我们让座,我们坐就是了。"

"你真是笨啊!有座位赶快抢着坐就是,管那么多呀!"

合理的回答 "叔叔给我们让座,我们就不会不小心摔跤了。要好好感谢叔叔,等你长大了,也要给老人、孕妇、病人、小孩让座!"

举一反三

引导思考型——"如果叔叔不给我们让座,我们是不是容易摔跤呢?叔叔让座帮了我们,我们要向他表示感谢,以后你长大了,也要向叔叔学习助人为乐。"

道德榜样型——"叔叔给我们让座,我们很安全了。这要感谢叔叔,以后我们也要像叔叔一样帮助别人,好吗?"

爱心传递型——"宝贝儿,因为有叔叔让座,我们不必担心会摔倒!等你长大了,也学习叔叔帮助别人,好吗!"

温馨提示

"感恩"是一种美好的感情。让孩子知道感谢爱自己、帮助自己的人,慢慢地学会帮助别人。

5 "音乐厅里为什么不能说话?"

情景再现 周末了,妈妈带着畔畔去音乐厅听音乐。第一次到音乐厅,畔畔很开心,看花篮,看座位,当然也不忘摆弄给嘉宾的礼品。一直到演出开始,畔畔都在忙碌不堪。等到开幕了,大家都安静下来,畔畔却依然很大声地说话,畔畔妈妈赶紧给他做禁止出声的手势。畔畔很奇怪地凑到妈妈耳朵边,小声地问:"妈妈,音乐厅里为什么不能说话啊?"

· 155 ·

父母妙答：好孩子的怪问题

常见的回答 "这里规定演出时不能说话。"

专家分析

在家长眼里很普通的，人人皆知的公共秩序，在孩子那里可是个稀罕的事情。在孩子好奇的时候，家长正好可以给孩子进行公共秩序方面的教育，让孩子学会遵守公共秩序。

消极的回答 "让你闭嘴，怎么还说话？再说话就送你回去了，以后不带你出来玩了。"

"说话会被罚款。"

合理的回答 "是呀。演员表演的时候说话不礼貌，会影响演出效果，而且会影响其他人听音乐呢！"

举一反三

引导思考型——"宝贝儿，如果你在看电视时，旁边不停地有人说话，你会不会生气呢？现在其他人都在听音乐，你说话会让人感觉不舒服，对演出的人也很不礼貌。你还要说话吗？"

快乐承诺型——"宝贝儿，在叔叔阿姨演出的时候，说话会影响别人欣赏演出，对叔叔阿姨也不礼貌。你是个讲礼貌的乖宝宝，这会儿安静地听，有问题等休息时咱们再讨论吧！"

温情传递型——"宝贝儿，你很想玩是不是？等台上的阿姨唱完歌，我们再出去玩好吗！"

温馨提示

在公众场合，要教育孩子遵守公共秩序，同时也要注意，不要当着众人的面伤害孩子小小的自尊心哟！

把孩子带到音乐厅是要培养他从小欣赏高雅艺术的素质，去之前就应嘱咐他在音乐厅保持安静，用心去感受音乐。而幼儿不适合带到音乐厅。

十一 孩子对反面事件的提问

1 "他们为什么要吵架?"

 今天,妈妈带莉莉去菜市场买菜,莉莉可高兴了。菜市场的菜真多呀,红的西红柿,黄的柿子椒,绿绿的蔬菜,还有很多水果呢。莉莉跟着妈妈,看得可高兴了。正在这时,莉莉看到有很多人聚集在一起,还听到很尖锐的叫骂声,也有人在喊"不要打架"。莉莉问妈妈:"这些人围在一起干什么呀?"妈妈告诉她,有人在吵架。莉莉好奇地问:"他们为什么要吵架呀?"

常见的回答 "他们之间有矛盾没有解决呗!"

专家分析

我们都知道,打架是一种很不文明的野蛮行为,不仅不能解决矛盾,反而会更加激化矛盾。打架还会造成严重的后果,使人的心灵、肉体上遭受伤害和痛苦,扰乱社会治安。家长在孩子面前要做好榜样,不要打架。当孩子看到别人打架的时候,也要告诉孩子打架不利于解决矛盾。

常见的回答容易让孩子以为有矛盾不能解决就可以打架。要告诉孩子,任何时候打架,都是不对的。

消极的回答 "他们就喜欢打架!"

"打架才能解决问题。"

合理的回答 "他们有问题难以解决。不过打架可不是解决问题的办法,这样会让矛盾更激化。当我们跟别人有冲突、矛盾的时候,要用和平的方式解决,打架解决不了问题。"

举一反三

引导思考型——"他们有事情没有解决,不能控制自己的情绪。你想想看,不能解决问题就打架,彼此都受伤,事情是不是还是没有解决?是不是矛盾更激化了呢?"

态度坚决型——"他们打架是不对的,有矛盾就该解决。"

展现后果型——"有矛盾要想办法解决,打架是不对的!你看,他们不仅互相伤害了对方,还堵塞了交通,给别人带来麻烦。咱们可不能打架哟!"

温馨提示

家长对打架这个问题的态度,会影响孩子的处事方式,应该特别小心,不要给孩子不正确的信息,以免误导孩子。

2 "姥爷为什么要骗我?"

情景再现 柯柯今天早上很早就起床了,本以为他还会睡一觉,可他一直玩到中午十一点才想睡了。姥姥想着等一下就中午了,正好到了他睡觉的钟点了,这样的话省得把他的规律给打乱了,就让姥爷陪他玩,没让他睡,吃过饭后给他洗澡,洗澡时柯柯有些不高兴。洗好澡姥爷把他抱到床上,姥姥给他穿好衣服。柯柯每天的习惯就是一穿好衣服我们就给他开风扇,现在姥姥给他穿好衣服后去外面给他冲奶,姥爷在房间里带着他。他要姥爷给他开风扇,姥爷就应付了他一下,实际上没开。姥爷告诉柯柯说好了,打开了。柯柯一看风扇没打开,就开始在床上哭,姥姥冲了奶端过来他也不肯喝,还边哭边问:"姥姥,姥爷为什么要骗我?"

十一 孩子对反面事件的提问

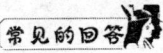 "姥爷没有骗人，你没看清楚。"

专家分析

孩子在西方的谚语中是"精灵"的化身。孩子会让你感到快乐和幸福，但是任性和固执也会让你备受折磨。可能你三十六计使尽，他却依然故我，使你哭笑不得。这是大多数家庭常见的场景。有时候为了让孩子不哭，家长也许会随口答应他的一些要求。比如说去哪里玩或者给他买什么东西。家长说过以后也许忘了，可是孩子却会一直记在心里。孩子不能骗，家长随口说出的话，对孩子来说都是一种承诺。

家长不要骗孩子，更不能为了圆谎再去骗孩子，或者用其他不正确的方式解决骗孩子之后的问题。

消极的回答 "哪里骗你啦，你没有看见嘛！"
"乖，不哭！姥爷骗你，我们打他！"

合理的回答 "姥爷骗了你，是姥爷不对，要姥爷给你说'对不起'！"

举一反三

理解心情型——"你已经让老爷开风扇了，可是他没有开，而且还骗你说开了，你很生气是不是？要是别人骗我，我也会很生气的。姥爷做得不对，他应该向你道歉。骗人是不对的！"

简洁干脆型——"宝贝儿，姥爷骗了你，是他不对！你很生气吧？让姥爷给你道歉！"

温情传递型——"宝贝儿，你这样生气，我能理解你！骗人是不对的，做了不对的事情就要道歉。咱们让姥爷给咱们道歉！"

 **温馨提示**

千万不要对你的孩子撒谎，即使在你看来只是一件很小很小的事！

3 "为什么不能像他们一样骂人?"

情景再现 桃桃已经4岁了,对什么都很好奇,也很好学。桃桃妈妈发现,不少词汇桃桃爸爸和桃桃妈妈偶尔说说,桃桃也能学会。今天是周末,桃桃妈妈带着桃桃去菜市场买菜,走到街对面的超市门口,看到有人在吵架。看样子是人太多,不小心一个人踩到另外一个人的脚了,一时言语不对付,就吵开了。不少不中听的词汇都出来了。桃桃妈妈赶紧牵着桃桃走开了,并且告诉桃桃,不要像那两个人一样骂人。桃桃好奇地问:"妈妈,为什么不能像他们一样骂人呀?"

常见的回答 "骂人是不对的!"

专家分析

"人之初,性本善,性相近,习相远"。一些不文明的言行都是后天形成的。家长在教育孩子的时候,要言行一致,给孩子做好榜样。教育孩子讲文明不只是家长的事,是全社会的事,是我们大家的事。耐心成就一切,家长要循序渐进地培养孩子文明礼貌的好习惯。

消极的回答 "骂人就不对,哪有那么多为什么!"
"叫你怎么做,你就怎么做就行了,哪来那么多废话!"

合理的回答 "骂人不对,因为骂人会给人带来伤害,是不文明的行为!"

举一反三

引导思考型——"宝贝儿,你喜欢满嘴脏话的人吗?听到脏话会让我们不舒服对吧?你说能不能骂人呢?"

文明交往型——"宝贝儿,大家都喜欢讲文明的人,喜欢骂人的人谁愿意

十一 孩子对反面事件的提问

跟他交朋友呢？讲文明的人才会有很多好朋友哦！"

温情传递型——"宝贝儿，骂人是不道德的！我们要做讲文明有道德的好孩子！"

 温馨提示

从小就要教育孩子使用文明的语言。谁也不愿意看到自己的孩子满口的脏话，那么就从自己做起，给孩子做个好榜样吧！

4 "汽车为什么会追尾？"

情景再现 迎迎5岁了，今天要去看木偶剧了，这是迎迎盼望已久的了！今年暑假，迎迎获得妈妈的特许，可以在家不用去幼儿园上学，每天闷在家里，让她很不高兴。昨天妈妈说要带迎迎出去玩，还要去看迎迎最喜欢看的木偶剧。下午，妈妈请了假，带迎迎坐公交车去看木偶剧。在路上，车行驶很缓慢，慢慢地行驶了近半个小时，迎迎和妈妈看到了车窗外一辆夏利和一辆别克追尾了，夏利的车头已经撞歪了，司机也受伤了，好惨啊！妈妈赶紧让迎迎不要看了，告诉迎迎这是汽车追尾了。迎迎歪着头，看着妈妈问道："为什么汽车会追尾呢？"

常见的回答 "我怎么知道呀，你自己想啊！"

专家分析

同向行使的汽车，由于特殊的路况或其他原因，行使在后面的汽车车速太快，或者行使在前面的汽车急速刹车的缘故，造成行使在后面的汽车撞上行使在前面的汽车，交警部门把它定性为追尾事故。

孩子对汽车追尾感兴趣，是因为孩子还不知道追尾的意思。家长可以趁机对孩子进行相应的安全教育。

消极的回答 "开着开着撞到一起就追尾了呗,这个也不懂,真是个笨蛋!"

"怎么这样简单的问题也要来问我,真是烦人!"

合理的回答 "两辆车向同一个方向行驶,车距没有保持好,后面的车头撞上了前面的车尾,就是追尾。就像我们人走路一样,走得太近了很容易撞倒。所以在人多的地方,不要跟别人跟得太近,以免发生危险。"

举一反三

引导思考型——"两辆车在一条道路上,向同一个方向行驶,前面的车开得慢,后面的车开得快,又没及时刹车,是不是就会撞到一起?我们来做个手指试验,你的小手慢慢往前,妈妈的大手来了,速度很快哟!崩!撞到一起啦!这样是不是很危险,我们骑自行车也是这样哦,所以以后骑自行车要小心!"

诱导学习型——"宝贝儿,这两辆车是不是没控制好速度呢?可能是前面的车急刹车,或者后面的车车速过快又没及时刹车,就造成了追尾。你不是说长大后要开公交车吗?那可得好好学习知识,才能开好车哟!"

明智引导型——"宝贝儿,追尾很可怕吧!追尾是因为没控制好车距,后面的车撞上了前面的车。就像你骑三轮车,要注意速度不要太快,要自己观察前面有没有人、车,如果有的话,要拐弯或者刹车哟!"

温馨提示

孩子对一些现象好奇,正是他很愿意了解相关信息的时候,家长可以及时引导,还可以做引申教育。

5 "为什么那位叔叔要打他的孩子?"

情景再现 郁郁是个四岁半的小姑娘,性格内向,比较胆小。今天,

十一 孩子对反面事件的提问

郁郁妈妈带郁郁去超市买东西，郁郁很开心地和妈妈一起挑东西。当郁郁和妈妈走到食品柜前的时候，看到一位中年男子一边拉着孩子大骂："你这个没有用的东西，就知道要吃的，看我不打死你！"一边抡起手就打孩子的屁股，孩子害怕得大哭起来。郁郁看见了，很小心地问妈妈："为什么那位叔叔要打他的孩子呀？"

常见的回答 "叔叔觉得孩子不听话就打呗！"

专家分析

孩子需要爱护和关怀，需要被接受、被尊重的权利，需要得到赞赏的机会，需要在家里有被当做成员的地位。有些家长将孩子看做自己的私有财产，对孩子的权利意识淡薄。据调查，有超过30%的父母不知道"孩子有哪些权利"。认同孩子应"自主平等"、"受尊重"的家长仅分别占15%和6%。

孩子看到别的孩子被打，很担心自己也会有同样的命运。家长应告诉孩子，打人是不对的，有问题要协商解决，不能靠打；同时要告诉孩子，自己会努力做到不打人，请孩子监督。

消极的回答 "孩子不听话就要打！"
"别问，小心那位叔叔打你来了！"

合理的回答 "叔叔生气了，但是生气也不能打孩子对不对？有事情好好商量嘛！你看，妈妈要是觉得你什么事情做得不对，都会跟你讲道理，不会打你是吧？以后妈妈要坚持不打人，你来监督妈妈好不好？"

举一反三

引导思考型——"叔叔生气了，用了不正确的方式教育孩子。打人是不是不对呀？即使是打自己的孩子。妈妈就不会打你是不是？有事情好好讲是不是更好呢？"

转移注意型——"那位叔叔没有控制好自己的脾气，打人是不对的。我们到冰柜那边去挑点酸奶吧！"

温情传递型——"宝贝儿，别害怕！不是每位家长都会打自己的孩子。那位叔叔的教育方式不对，打人是不尊重人的表现，不能打人。"

 **温馨提示**

　　打孩子会让孩子的自尊受到伤害，造成孩子的不良心态和心理偏差。要让暴力教育远离孩子，守护孩子纯净的心灵。

6 "为什么小偷要偷我们的车？"

情景再现　珍珍爸爸最近买了辆新的电动车，每到周末，珍珍爸爸就会用电动车带着珍珍去玩。坐在电动车上，珍珍就会很开心，因为可以不堵车，也可以跟爸爸妈妈一起玩。可是，今天当珍珍爸爸下楼之后，不一会儿就回来了。告诉珍珍不能骑电动车去玩了，因为电动车被小偷偷走了。珍珍爸爸决定去报警，珍珍平时有些怕警察叔叔，可是今天也要陪爸爸去。在去警察局的路上，珍珍不停地问爸爸："为什么小偷要偷我们的车啊？"

常见的回答　"小偷就是偷东西的，什么都偷。"

专家分析

　　孩子喜欢的东西被偷了，对孩子来说，是一个很大的打击。孩子心里会很难受。家长要注意孩子的心态变化，告诉孩子偷别人的东西是不对的，会给别人带来伤害。同时从小要教育孩子即使自己的东西被别人偷了，也不能因为这个就去拿别人的东西。

消极的回答　"小偷偷了我们的车，我们就去拿别人的一辆车吧。"
"小偷是坏蛋，抓住了要打死他们！"

合理的回答　"小偷做得不对，警察叔叔会抓他们的。我们的车被偷了，你很难过是不是？我也很难过。偷东西是不对的，无论什么时候都不能偷东西！"

举一反三

引导思考型——"小偷偷了我们的车,你是不是很难过呢?要是别人的东西被偷,是不是也会很难过呢?偷东西是不对的!"

转移注意力型——"小偷偷了我们的车,你一定很难过。偷东西是不对的!今天我们去哪里玩呢?不如,去附近的书店看书怎么样?"

温情传递型——"宝贝儿,我们的车没有了,你一定很难受吧!偷东西是不对的,警察叔叔会去抓偷东西的人。我们去广场骑三轮车怎么样?"

温馨提示

生活中,总是会有不和谐的事情发生。遇到反面事件时,要告诉孩子坚持正确的做人准则,做一个不贪便宜的正人君子。

7 "为什么他们要踩公司的草啊?"

情景再现 乐乐最喜欢过周末了。因为每到周末,妈妈就会带乐乐到附近的公园看喷泉。乐乐觉得最爱看的是公园的草地,绿绿的,香香的,尤其是碰到割草的时候,青草的香味很让人陶醉。今天天气很好,太阳暖暖的,没什么风。吃过早饭,乐乐就跟妈妈到公园散步。乐乐走累了,妈妈带着乐乐坐在公园的长椅上喝水休息。这时,乐乐看到几个小哥哥在草地上打闹。乐乐好奇地问妈妈:"为什么他们要踩公园的草啊?"

常见的回答 "别管闲事!"

专家分析

孩子有天生的正义感,这是值得高兴的事情。值得家长注意的是,要培养孩子的正义感,同时也要让孩子学会保护自己。

父母妙答：好孩子的怪问题

消极的回答 "不要说话，否则哥哥们会打你！"
"他们踩他们的，你不要管。"

合理的回答 "宝贝儿，踩草地是不对的！那边有保安叔叔，一会儿他们看到了就会过来制止他们的，你放心吧！"

举一反三

引导思考型——"宝贝儿，踩在草地上，小草会受伤对不对？那些人在草地上玩是不对的。一会儿公园管理员叔叔就会过来，会让他们出来的。"

正面教育型——"他们踩草地是不对的！小草很娇嫩，踩在上面会让小草受伤的。咱们可不能去踩草地哟！"

充满同情型——"宝贝儿，你看他们踩草地，小草都倒了！他们做得不对，人是不能踩草地的！"

温馨提示

教育孩子，家长就要以身作则，因为家长就是孩子的榜样。无论是大事还是小事，家长都不能掉以轻心。

十二 孩子对幼儿园的提问

1 "我为什么要上幼儿园？"

情景再现 昨天，裤裤第一次上幼儿园，是妈妈送他去的，一路上裤裤叽叽喳喳地不停地问问题："幼儿园玩什么呀？""老师长的什么样子？"……今天又要去上幼儿园了，裤裤没有了昨天的兴奋劲儿，一路上不怎么说话。快到幼儿园的时候，裤裤突然抬头问："妈妈，我为什么要上幼儿园呀？"

常见的回答 "因为你长大了呀，要去幼儿园学习跟很多小朋友玩呀。"

专家分析

上幼儿园是孩子从家庭生活走向社会集体生活的第一步，也是孩子适应社会的关键一步。由于幼儿自身的条件和所处生活环境的不同，幼儿新入园时的表现也各不相同。有的孩子一入园就表现为大哭大闹，不肯上幼儿园；有的幼儿一开始高高兴兴地上幼儿园，对新环境表现出极大的兴趣和好奇，而随着新鲜感的消失，他们开始想家，开始哭闹；有的孩还会表现出生理上的不适，如出现头痛、肚子痛、尿频等现象，一回家则上述症状马上消失。

为了尽快帮助孩子适应新的环境，家长应分析造成孩子入园不适应新的环境的原因，帮助孩子做好入园准备。

消极的回答 "你怎么这么不爱学习呀，这么小就不想上幼儿园。"

"长大了就要上幼儿园呀!"

合理的回答 "妈妈有时候也会想:'为什么要上班呢?'你去了幼儿园,妈妈好想你呀,今天傍晚,妈妈早些来接你怎么样?"

举一反三

引导思考型——"你在幼儿园会不会想妈妈呢?妈妈今天在你的小书包里放了你最喜欢的阿鱼,你想妈妈的时候,就看看阿鱼的眼睛。阿鱼的眼睛是不是很漂亮,像妈妈的眼睛一样?"

快乐承诺型——"宝贝儿,妈妈送你上幼儿园之后,就会很想你。今天傍晚,妈妈第一个来接你好不好?"

转移注意型——"宝贝儿,无论你在哪里,妈妈都会很想你!今天傍晚回家后,我们就开始过'晚上周末',你开心吗?"

温馨提示

孩子刚开始上幼儿园,对幼儿园生活不适应,更多的是舍不得离开家庭。家长应努力帮助孩子适应,用爱和耐心等待孩子成长。

2 "我不要上幼儿园,好吗?"

 丹丹上了一年的幼儿园了,今年9月份开始上中班。原来上小班,丹丹都很喜欢去幼儿园,过完暑假后,丹丹就不愿意去幼儿园了。"我不要去幼儿园,我不要去幼儿园!"从昨天晚上睡觉开始,丹丹就和爸爸妈妈说这句话。"你们都上班,我就一个人在家里睡觉好了,坏蛋我也不怕,我自己吃饭,解大便,解小便,我肯定不要去幼儿园!"丹丹爸爸妈妈没有同意。今天一大早,丹丹委屈地问:"我不要上幼儿园,好吗?"

常见的回答 "怎么能不上幼儿园呢?"

十二 孩子对幼儿园的提问

专家分析

假期过后，不少孩子由原来的喜欢去幼儿园变成不愿意去幼儿园，产生"入园焦虑情绪"。出现这种焦虑情绪，大多数是因为孩子在长假期间有家长陪伴，起居饮食各方面照顾周到，再加上和家长外出游玩时，心情愉悦放松，没有心理压力，对回到幼儿园要重新适应有规律的吃饭、睡觉、上课等新环境，而产生陌生感和恐惧感，不想去幼儿园。

如何克服这种"入园焦虑情绪"呢？家长要注意让孩子在家里的生活规律与在幼儿园里的生活规律保持一致，注重对孩子独立能力的培养；开学前几天，家长要告诉孩子假期已经结束了，等到下一个假期的时候才可以尽情游玩。只要家长适当引导，一般一个星期或更短的时间，孩子的焦虑情绪就会自然消失。

消极的回答 "以前不是上得好好的吗？必须去，不去打断你的腿！"
"你真是越大越不听话了！"

合理的回答 "我们已经交钱了，很多的钱，可以买几千本你喜欢的书呢！那么好的幼儿园，你不去我让你表弟鱼鱼去，他可喜欢去了。"

举一反三

引导思考型——"你为什么不想去幼儿园呢？跟妈妈说说看。"

快乐承诺型——"宝贝儿，等你上完幼儿园，晚上就不用上了，可以过'晚上周末'哟，你要过'晚上周末'还是要晚上上幼儿园呢？"

布置任务型——"宝贝儿，你们幼儿园其他的班新来了不少小弟弟小妹妹，他们很害怕上幼儿园，你去帮助他们好不好？"

温馨提示

长假后孩子入园，总会有一些不适应。坚持送孩子上幼儿园，慢慢地让孩子适应幼儿园的生活。

3 "为什么妈妈不跟我一起上幼儿园?"

情景再现 贝贝一直是妈妈带着,现在到了3岁了,该上幼儿园了。贝贝有些不情愿,不想去幼儿园。第一天说:"我不想去幼儿园,我要跟妈妈在家。"第二天说:"我怎么也不肯去幼儿园了。"贝贝妈妈一直坚持送贝贝去幼儿园。今天早上,贝贝妈妈送贝贝去幼儿园,快要到幼儿园门口的时候,贝贝抬头问:"为什么妈妈不跟我一起上幼儿园啊?"

常见的回答 "妈妈是家长,是不能上幼儿园的。"

专家分析

幼儿园是孩子离开亲人、离开家庭独自生活的第一个陌生环境,孩子能否很好地适应幼儿园生活并在幼儿园建立良好的人际关系,直接影响到他将来适应社会的能力。孩子刚开始离开家庭,不可避免地会依恋亲人。家长要理解孩子的感受,用爱帮助孩子度过适应期。

消极的回答 "我才不陪你去呢,你又不乖,太给我丢人了!"
"胡说什么呢?有家长上幼儿园的吗?"

合理的回答 "宝贝儿,妈妈也很想陪你。可是幼儿园是小朋友去的地方。不过,无论你在幼儿园还是在家里,妈妈都一样爱你。"

举一反三

引导思考型——"宝贝儿,你想要妈妈陪你去幼儿园呀?你去问问老师,看老师要不要妈妈来幼儿园上学好不好?你上幼儿园的时候,妈妈很想你,也很想陪你上幼儿园呢!"

柔情承诺型——"宝贝儿,妈妈陪你到门口,等你放学了妈妈就在这里等你。不管你在哪里,妈妈的心都陪着你!"

十二 孩子对幼儿园的提问

温情传递型——"宝贝儿,妈妈也很想去跟你上幼儿园呢!这样吧,今天傍晚,妈妈保证第一个来接你,好不好?"

 **温馨提示**

尊重孩子的感受,体验孩子幼小心灵面对的考验。家长的耐心和爱,是帮助孩子的有力武器。

4 "我不认识幼儿园的小朋友,怎么办?"

情景再现 微微上了几天的幼儿园,回到家里,闷闷不乐的样子。妈妈问她怎么啦,她也不回答,自己一个人坐在那里。过了很久,微微来到厨房,看到妈妈正在忙碌,对妈妈说:"妈妈,我明天不要上幼儿园了。"妈妈赶紧停下手中的活儿,问微微是怎么回事。微微说:"幼儿园的小朋友不好玩。"妈妈继续问她为什么,微微说:"我不认识幼儿园的小朋友,怎么办?"

常见的回答 "我还以为什么大事呢,为这点事就不上幼儿园,真让人笑话呀!"

专家分析

上幼儿园,对孩子来说是一个极大的变动。出于对陌生人的恐惧感和对陌生环境的焦虑,孩子会有异常的情绪反应,这是很自然的。家长要帮助孩子慢慢熟悉陌生的人和环境,引导孩子渐渐喜欢幼儿园。

消极的回答 "连认识几个小屁孩你也害怕呀,真是胆小鬼!"
"到一边去,你没看见我在忙着吗?"

合理的回答 "宝贝儿,班里的小朋友也不认识你呢。不少小朋友都很害怕上幼儿园,你去帮助他们好不好?"

父母妙答：好孩子的怪问题

举一反三

设身处地型——"宝贝儿，别着急，慢慢来。你不认识小朋友，小朋友也不认识你，他们跟你一样很紧张呢！你可以主动跟小朋友打招呼，过两天你就会有好朋友的！"

给予任务型——"宝贝儿，小朋友之间现在还都不熟悉，要多相处才能认识对不对？你每天认识一个小朋友，一个月下来，就都认识了。妈妈给你一个很难完成的任务：一天认识一个小朋友！你很努力，一定能完成的！"

温情传递型——"宝贝儿，幼儿园的小朋友都很想认识你，很想跟你交朋友！可是他们不敢跟你打招呼，你可以帮助他们认识你吗？"

温馨提示

孩子害怕陌生的环境，是孩子的正常反应。用巧妙的方式教育孩子熟悉环境，让家长陪孩子一起成长！

5 "我什么时候就不用上幼儿园了？"

 隆隆3岁了，上幼儿园已经一个月了，还是感觉很不习惯。每天早上叫他起床都比较费劲，他会说："妈妈再让我睡一会儿吧，我不想去幼儿园。"妈妈只好找各种办法哄他起床、穿衣服、洗漱后送他去幼儿园。隆隆最快乐的时候就是双休日，一到周末就很开心，周末的早上会要求爸爸妈妈带他去不同的地方玩。到了上幼儿园的时间，他会不停地说："妈妈你买完菜就来接我。""妈妈你要第一个来接我！""妈妈你一定要和爸爸一起来接我"……今天又是隆隆上幼儿园的日子，一大早起来，隆隆就问妈妈："我什么时候就不用上幼儿园了？"

"上小学了就不用上幼儿园了。"

十二 孩子对幼儿园的提问

专家分析

这是孩子的分离焦虑症。在孩子小小的世界里,长期共处、爸爸妈妈对自己的倾心照顾,是世界上最亲密的关系。只有在父母的身边,他才会感觉到安全。而当父母要离开时,安全的心理状态立刻消失,分离的焦虑随之产生。

消极的回答 "就你这么笨的臭小子,肯定要上十年才行!"
"才刚上一个月,就问什么时候不上。还早着呢,跟你也说不清楚!"

合理的回答 "等你从幼儿园毕业了就可以不用上了。所以现在要赶快去幼儿园学本领哟!"

举一反三

引导思考型——"宝贝儿,学好幼儿园教的本领就能不上了。那你现在要不要赶快去学本领呢?"

快乐承诺型——"宝贝儿,等幼儿园老师要教的东西都教完了,你就可以不上幼儿园啦!"

温情传递型——"宝贝儿,等老师把要教给你的知识教完了,你就不要上了!到时候,可不要舍不得离开幼儿园哦!"

温馨提示

为了帮助孩子克服困难,慢慢开始喜欢上幼儿园,家长不但需要有足够的爱心和耐心,而且要掌握教育技巧。要耐心地去倾听孩子说话,以便真正了解孩子在幼儿园的活动情况和感受。多与老师沟通,掌握孩子在幼儿园的表现。不在孩子面前流露对老师的不满情绪,不随意议论老师,以免影响师生关系。

6 "在幼儿园,我口渴了怎么办?"

情景再现 波波上幼儿园已经有一个礼拜了,回家后他会不停地喝水。波波妈妈很奇怪,问波波为什么回家要不停地喝水。波波说他在幼儿园没水喝,老师不给他倒水。为此波波不愿去幼儿园,并问妈妈:"在幼儿园,我口渴了怎么办?"

常见的回答 "你们老师太过分了,水都不给喝呀!"

专家分析

新入园的幼儿,家长除了对孩子哭闹感到头痛之外,还会对孩子是否适应幼儿园的生活倍感担忧,孩子在幼儿园的饮食、睡眠、大小便、穿脱衣服、卫生、安全等问题都是家长关注的焦点。除了担忧,家长最急需做的事情就是培养孩子的生活自理能力。

幼儿刚入园时,老师可能对幼儿的需求还不太了解,这也是引起幼儿焦虑的原因之一。家长要多鼓励孩子开口说出自己的需要,如:我要喝水、我要小便、帮我穿鞋子等,让孩子及时得到老师的帮助,使孩子尽快适应幼儿园的生活。

消极的回答 "你们老师就这样抠门呀,明天妈妈去投诉你们老师!"
"这样的老师也太懒了,怎么能教我的宝贝儿呢!"

合理的回答 "宝贝儿,口渴了要跟老师说,就像你在家口渴了就跟妈妈说一样。"

举一反三

引导思考型——"宝贝儿,你想你在家口渴了要怎么做呢?是不是要跟妈妈说,请妈妈给你倒水呢?那么,在学校里,是不是也要跟老师说,请老师帮

十二　孩子对幼儿园的提问

助你呢?"

快乐承诺型——"口渴了你就跟老师说，不要害怕，老师会帮助你的!"

温情传递型——抱着孩子说："宝贝儿，口渴了就跟老师说，请老师帮助你! 在幼儿园就跟在家一样，有什么要求都可以跟老师说的。"

温馨提示

家长在帮助孩子解决问题的同时，也要注意引导孩子学会接纳和欣赏他人，减少幼儿以自我为中心的思维特点带来的不良影响，帮助孩子提高社会适应性。

7 "小朋友打我怎么办?"

 琳达聪明漂亮，今年5岁了，在幼儿园上中班。因为舞蹈很好，被老师推荐进入舞蹈班。琳达妈很高兴，早上给琳达穿了她最喜欢的漂亮裙子。下午琳达的妈妈去接琳达，琳达趴在她耳边告诉她，今天和琳达玩得比较好的那个女孩子，很用力地打了她一个耳光，很疼! 琳达委屈地问："妈妈，小朋友打我怎么办?"

常见的回答　"别人打你，你就打她呀!"

专家分析

孩子被其他小朋友打，而且自己不能解决，可能是因为孩子不善于与人沟通。家长平时应注意培养孩子的语言表达能力，让其学会用语言与人沟通。家长可以结合孩子反映的情况，帮助孩子分析事情的起因，使其明辨是非，然后启发其从多角度寻找解决矛盾的方法，并进行比较和选择，引导孩子寻求解决矛盾冲突的最佳办法。

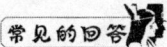　"你太胆小了，不会跟她对打呀!"

"真丢人,居然被别人打了!"

合理的回答 "好朋友打了你,你很难受吧?那你想要怎么做呢?"

举一反三

引导思考型——"真是令人难过呀。那么你准备怎么办呢?"

快乐承诺型——"宝贝儿,你一定很难过吧?妈妈能理解你的心情。你准备怎么对待你的朋友呢?"

温情传递型——"宝贝儿,这真是让人难过啊!你准备以后怎么跟你的朋友相处呢?"

温馨提示

让孩子学会与同龄人交往,自己不要受别人欺负,也不能去欺负别人,是使孩子形成健全人格的很重要的一个方面。家长要注意多观察,引导孩子自己解决矛盾纠纷,适应幼儿园的集体生活。

8 "我不想在幼儿园睡午觉,行吗?"

情景再现 佳佳已经4岁了,上幼儿园中班。老师跟佳佳妈反映,佳佳在幼儿园不爱睡觉。今天早上起来,佳佳就跟妈妈说不想在幼儿园睡觉,要回家睡午觉。妈妈问佳佳不在幼儿园睡午觉的原因,佳佳说:"我做了一个梦就不想在幼儿园睡觉了。"妈妈告诉她,要和其他小朋友一样在幼儿园睡午觉。佳佳一听就哭了,大声喊:"妈妈,我不想在幼儿园睡午觉,行吗?"

常见的回答 "怎么能不睡午觉呢?"

专家分析

孩子在幼儿园不睡午觉,家长要与孩子充分沟通,寻找孩子不肯在幼儿园睡觉的原因。另外，家长要注意调整孩子的睡眠时间，早上不要睡懒觉，养成早睡早起的习惯。积极与老师配合，了解幼儿园的午睡环境等。如果孩子实在不愿意午睡的话，也不用勉强，可以与老师沟通，请老师帮忙解决，或另外安排活动，如自己阅读来度过这个午睡时间。

消极的回答 "你怎么还那么皮，都上幼儿园了，老师也没把你教好！"
"我说必须要睡，你听我的话就行了！"
"你要是不在幼儿园睡觉，我就不要你啦！"

合理的回答 "不睡午觉那你下午就没精力玩呀！"

举一反三

引导思考型——"如果你在幼儿园不睡觉，不停地走来走去或说话，会不会影响其他人休息呢？"

比较优劣型——"宝贝儿，中午休息睡一觉，下午就有精力跟老师和小朋友们玩游戏、吃水果呀。要是你中午不睡觉，下午小朋友们玩、吃水果的时候，你却睡觉了怎么办呢？"

温情传递型——"宝贝儿，中午不睡觉下午瞌睡了，妈妈来接你的时候你还在睡觉怎么办？"

温馨提示

家长要及时和孩子沟通，只有了解孩子不肯在幼儿园睡觉的真正原因，才能找到最合适的方法帮助孩子适应幼儿园的生活。

9 "我不想吃幼儿园的饭怎么办？"

情景再现 治治在这个暑假一直不是很情愿上幼儿园，几乎每天早晨起床都会说："我今天不想上幼儿园。"妈妈告诉她，其实妈妈也有不想上班的时候，但妈妈还是要去上班，因为有些事是我们必须去做的，想不做都不行。最终治治还是会接受的，虽然有时会哭。可今天她特别不想去，总是强调幼儿园的饭菜真的不好吃，临出门时，治治狂哭，边哭泣边说："妈妈，我不想吃幼儿园的饭怎么办？"

常见的回答 "哪里都能按照你的口味做？不想吃也得吃！"

专家分析

孩子不愿意吃幼儿园的饭，可能是幼儿园的饭菜不合孩子的口味，也有可能是孩子为不上幼儿园找借口。不管怎么样，家长都要跟孩子好好沟通，了解孩子的真实意图。如果真是幼儿园的饭菜不好吃，家长也要鼓励孩子多吃，只有不挑食的孩子才能长得健康强壮。

消极的回答 "不想吃你就饿着吧！"
"你这个笨蛋，我们交了钱你就必须要吃！"
"不吃就饿死你！"

合理的回答 "幼儿园的饭菜也许不合你的口味，但是营养搭配得很好。只有不挑食的宝宝，才能长得壮，所以幼儿园的饭菜一定要吃哟！"

举一反三

引导思考型——"宝贝儿，幼儿园的饭菜怎么不好吃啦？其他小朋友都吃了吗？他们都吃了你是不是也应该吃呢？"

循循善诱型——"宝贝儿，幼儿园的饭菜不一定合你的口味，但是你也要吃才行。要是一直饿着，会没有精神和力气玩了。你把老师给你的饭菜全吃完，才能有力气玩呀！"

温情传递型——"宝贝儿，不吃饭就没有营养去长身体！只有吃完幼儿园老师给你的饭菜，才能长得像爸爸妈妈这样强壮、高大呀！"

温馨提示

孩子不肯吃幼儿园的饭菜，如果是孩子自身的问题，家长就要想办法让孩

十二 孩子对幼儿园的提问

子了解自己存在的问题，选择好的方法，鼓励孩子自己去改进。

10 "为什么在幼儿园要自己一个人睡觉？"

情景再现 特特在上幼儿园之前，在家里睡觉就只肯盖自己的花被子，任何人都不能动他的被子，而且睡觉之前还要喝奶，要妈妈陪在旁边拍着睡觉。特特刚上幼儿园时，特特妈妈就把特特的花被子拿到幼儿园，并且每天给特特带奶粉和奶瓶，中午请老师给特特冲奶。可是今天特特不愿意去幼儿园。妈妈忙问为什么？特特说："妈妈，老师不拍我睡觉，为什么在幼儿园要自己一个人睡觉呢？"

常见的回答 "所有的小朋友都要拍，那老师怎么顾得过来呢？"

专家分析

最初孩子喜欢生活在母亲的怀抱里，但是他不能永远这样生活。随着孩子日渐长大，家长必须逐渐扩大孩子的生活空间，才能有利于他的健康成长。孩子上幼儿园后，就要学会自己睡觉、上厕所等，家长要做的，就是鼓励孩子努力学会自理。

消极的回答 "你又不是乖孩子，老师才不管你呢！"
"你都这么大了，睡觉还要拍，真是丢人到家了。"

合理的回答 "宝贝儿，老师不能只管你一个人，还有很多小朋友需要照顾啊。你已经长大了，是个小男子汉了，可以一个人睡觉了！"

举一反三

鼓励激将型——"宝贝儿，老师是不是还要照顾其他不会睡觉的小朋友呀？你是个乖孩子，自己就能睡得很好，所以老师就很放心你，让你一个人睡觉呀！"

快乐承诺型——"宝贝儿,一定是你表现很好,老师才放心让你一个人睡觉的。"

温情传递型——"宝贝儿,幼儿园里还有比你小的小朋友,他们更需要老师的照顾!你已经长大了,可以自己睡觉了哦!"

 温馨提示

孩子不肯一个人睡觉,家长要和幼儿园的老师多沟通。如果孩子有特殊的睡眠习惯,让老师理解、尊重并且配合宝宝的特殊习惯,等孩子在幼儿园习惯了之后,再去适应幼儿园的午睡习惯。

11 "老师批评我了,她是不是不喜欢我了?"

情景再现 去接卫卫的时候,老师就告诉卫卫妈妈,卫卫中午不好好睡觉,躺一会儿就起来,说是去尿尿,回来再躺一会儿,又起来,要去好几趟,可能他躺着睡不着,所以就找点理由起来溜达溜达。回到家,发现卫卫不是很高兴的样子。妈妈问卫卫:"你怎么啦?"卫卫说:"我不睡觉,老师批评我了,她是不是不喜欢我了?"

常见的回答 "你不乖,老师怎么会喜欢你?"

专家分析

孩子很在乎老师是否批评自己,说明孩子已经有了很强的自我意识。家长要告诉孩子,老师批评他是因为喜欢他,爱他,以减轻孩子的心理压力,同时鼓励孩子改正错误,更快地适应幼儿园的生活。

消极的回答 "批评你已经很好了,要是我非要打死你不可!"
"你又给我丢脸了。"
"你这个孩子,总是不听话。老师批评你了,活该!"

十二 孩子对幼儿园的提问

合理的回答 "老师怎么会不喜欢你呢!老师正是因为喜欢你,希望你变得比现在更优秀,才会批评你,让你改正缺点。"

举一反三

引导思考型——"老师当然会喜欢你啦!你怎么会这样想呢?"

快乐承诺型——"宝贝儿,老师是因为喜欢你才批评你。老师希望你比现在更优秀!"

温情传递型——"宝贝儿,老师肯定是喜欢你的!不用担心!"

温馨提示

有的孩子好胜心强,特别在意老师的赞扬,一旦受到老师批评或责备,就会害怕上学。家长可以对症下药,针对孩子被批评的原因进行开导,消除孩子内心的忧虑。

12 "我尿湿了裤子,老师会取笑我吗?"

情景再现 明明从幼儿园回家,对妈妈说他中午在幼儿园睡觉时尿床了。妈妈问明明老师有没有批评他,他说没有。不过明明一定是知道自己尿床是不应该的。幼儿园的朱老师说他起床的时候坐在床上不起来,就知道他一定是尿床了,他还不敢和老师说呢。今天送明明上学,明明一路上都没怎么说话。快到幼儿园了,明明问妈妈:"妈妈,昨天我尿湿裤子了,老师会取笑我吗?"

常见的回答 "尿湿裤子是很常见的事情,老师不会取笑你的!"

专家分析

孩子尿湿裤子害怕老师取笑,说明孩子已经有很强的自尊和自我意识。孩

父母妙答：好孩子的怪问题

子尿湿裤子不敢跟老师说，应该在沟通方面加强锻炼。家长一定要培养孩子大胆和老师交流，逐步增加孩子的自信心，锻炼孩子的胆量！

消极的回答 "这么大尿湿裤子，老师不笑话你才怪呢！"
"撒尿要跟老师说呀，说了多少回你都不改，真是拿你没办法！"
"真丢人，这么大还尿湿裤子！"

合理的回答 "你这样的年纪，尿湿裤子没什么大不了的。可是，尿湿裤子后要告诉老师，好让老师帮助你呀。"

举一反三

引导思考型——"宝贝儿，其他小朋友是不是也会尿湿裤子呢？老师取笑他们了吗？"

快乐承诺型——"宝贝儿，尿湿裤子就跟不小心掉了米粒一样，你跟老师说，老师会帮助你的，不过我们自己也要学会撒尿啊！"

温情传递型——"宝贝儿，老师不会取笑你的！你不小心尿湿了裤子，要及时跟老师说，老师会帮助你的。天冷了，尿湿裤子不换垫被，是容易生病的。"

 温馨提示

家长要多训练孩子撒尿，提高孩子的自理能力；同时要鼓励孩子与老师多沟通，早日熟悉幼儿园的生活。

十三 孩子对零食的提问

1 "为什么刚吃完药不要吃水果？"

情景再现  方芳感冒了，妈妈给方芳吃了感冒药，可是方芳又想吃苹果了，她直接拿起茶几上的苹果就准备吃。这个时候，妈妈制止了方芳，并告诉她，刚吃过药不要吃水果。方芳皱着眉头问："妈妈，为什么刚吃完药不要吃水果呀？"

常见的回答 "吃了水果你就会死掉。"

专家分析

日常多吃水果，对人体健康有益。但是服药前后不要吃水果。因为水果中含有一些化学物质，这些物质可能会和药物发生化学反应，使药物作用发生改变。所以服药前后30分钟内不要吃水果。如果吃了水果，则要在30分钟后再吃药，或服药后要过30分钟再吃水果。家长可以教给孩子一些简单的知识，帮助孩子建立良好的饮食习惯。

消极的回答 "告诉你别吃你就别吃，哪来那么多问题呀！"
"闭嘴，这么多嘴，真是不该生你呀！"

合理的回答 "孩子，吃完药之后马上吃水果，水果中的营养会跟药起反应，对身体不好。还是过半个小时再吃水果吧！"

举一反三

引导思考型——"宝贝儿,你很想吃水果是不是?还是过半个小时再吃吧。现在吃的话,肚子可能会疼的,你现在还要吃吗?"

转移注意型——"宝贝儿,你刚吃过药,吃水果会影响药效的,还是过半个小时再吃吧!现在我们先来做运动吧!"

温情传递型——"宝贝儿,吃过药之后要休息半个小时!让你的身体吸收了药之后才可以吃水果哟!"

温馨提示

孩子吃药期间,尽量将水果、甜点放在孩子看不见的地方,等孩子可以吃的时候再拿出来。

2 "为什么睡觉前不能吃糖?"

悠悠喜欢看牙膏广告,每次看完还要学着广告敲敲自己的小门牙,真是一口又白又齐的糯米牙啊!但是,上个月幼儿园集体查牙,悠悠被告知需要到医院做治疗。悠悠妈妈发现报告上写着8颗牙都有龋齿的迹象,其中3颗还比较严重!原来,奶奶每晚睡觉前给悠悠喝水,水里加冰糖,奶奶的理由是:"悠悠不爱喝白开水,喝水量上不去,加点冰糖又爱喝又去火……"现在,悠悠必须去医院治疗了。妈妈告诉悠悠,以后睡觉前不能吃零食,水也只能喝白开水。悠悠好奇地问:"为什么睡觉前不能吃糖呀?"

常见的回答 "你的牙都坏了,还吃糖你的牙就没得救了。"

专家分析

糖,因为它甜甜的味道备受孩子喜爱。然而研究成果发现,吃糖过量可能会给身体带来不良影响。尤其是孩子,吃糖太多又不及时漱口,会使口腔里的

十三 孩子对零食的提问

酸度增加,为乳酸杆菌的繁殖生长创造条件,使牙齿脱钙、溶解,形成龋齿。

消极的回答 "你想要你的牙被虫子吃掉吗?"
"睡觉前吃糖就是吃虫子。"

合理的回答 "睡觉前吃糖,会让我们的牙齿里留有糖分,引来蛀虫,那样的话,牙齿就会生病的。"

举一反三

引导思考型——"宝贝儿,你知道蛀虫喜欢什么吗?就是喜欢小朋友吃糖,吃了糖蛀虫就有东西吃,你要你的牙齿被蛀虫吃掉吗?"

展示后果型——"宝贝儿,甜食很好吃是吧,可是要少吃,尤其晚上睡觉前不能吃,否则就会长蛀牙,牙齿就会生病!"

温情传递型——"宝贝儿,晚上吃甜食牙齿会生病哦!妈妈给你喝白开水吧!"

温馨提示

很多孩子都喜欢甜食,吃得过多会危害孩子的身体健康。在孩子的发育过程中,口味很早就形成了。所以家长要从小注意培养孩子口味习惯,让孩子习惯吃口味清淡的食物。

3 "西瓜好吃吗?"

情景再现 今天,彤彤妈妈带彤彤去菜市场买水果,菜市场的蔬菜和水果真是琳琅满目啊,这让彤彤兴奋不已,一直问妈妈要买什么。妈妈告诉她,要看看有合适的水果才买。今天气温很高,有不少水果摊都摆上了西瓜,也有很多人在买西瓜。彤彤看着旁边一位爷爷三轮车上的西瓜问妈妈:"妈妈,这位爷爷卖的是什么呀?"妈妈告诉她是西瓜。彤彤接着问:"妈妈,西瓜好吃吗？"

常见的回答 "西瓜不就是西瓜嘛，有啥好吃不好吃的。"

专家分析

3岁左右的孩子，已经能用很多语言表达自己的想法了。孩子对身边事物的好奇，说明其对这个事物感兴趣，家长要做的，当然是让孩子多体验啦！

消极的回答 "你真是个馋猫，就知道盯着吃的东西。"
"西瓜有什么好吃的，那么贵，等便宜了咱们再买。"

合理的回答 "西瓜很甜，还有很多汁水，宝贝儿，你想吃吗？"

举一反三

引导思考型——"宝贝儿，去年夏天吃过西瓜你还记得吗？我们今天买一个回去试试看好吗？"

美德教育型——"宝贝儿，西瓜可好吃了，我们买一个回去吧！可是切好后你要先给姥姥姥爷吃，然后自己才能吃，好不好？"

温情传递型——"宝贝儿，西瓜很好吃，我们买回家吃吧！"

温馨提示

孩子对自己没有尝试过的东西都很有好奇心。家长要有耐心引导孩子探索世界。

4 "荔枝为什么要剥壳才能吃？"

情景再现 快3岁的盼儿就是一个"问号"，看到什么东西都要问个为什么。今天盼儿妈妈买了荔枝，招呼家人吃。盼儿也乐颠颠地来吃了。边吃边

十三 孩子对零食的提问

问给他剥壳的妈妈："荔枝为什么要剥壳才能吃呢？"

常见的回答 "荔枝就是要剥壳才能吃嘛！"

专家分析

好奇之心，人皆有之。孩子的好奇心很早就表现出来了。早在新生儿时期，孩子就会对光亮的、颜色鲜艳的物体好奇地注视。孩子因为知识面狭窄，缺乏生活经验，常常会提一些让人觉得幼稚的甚至让人捧腹大笑的问题。对于一个你觉得简单的问题，孩子会刨根问底，不厌其烦，让人难以招架。孩子喜欢问问题是好事，但要满足孩子的好奇心，让孩子得到满意的回答却是件难事。家长要有耐心，不要不懂装懂，去骗孩子。

消极的回答 "你真是烦死了，老拿这样的问题来烦人！"
"荔枝也不能堵住你的嘴，别说话！"

合理的回答 "不剥壳的荔枝你可以吃吃试试好不好吃。"

举一反三

引导思考型——"宝贝儿，荔枝不剥壳，吃起来会怎么样呢？我们来试试看吧？咬到皮了是不是？好吃吗？是不是要剥壳才好吃呢？"

快乐承诺型——"荔枝皮涩涩的，不好吃，所以我们要剥壳后才吃呀！来，给你一颗最大最甜的！"

循循善诱型——"宝贝儿，有不少水果都是要剥壳才能吃的！荔枝就是其中一种。"

温馨提示

当孩子提问的时候，不要因为孩子的问题幼稚、不好回答而去训斥孩子，只有给孩子足够的耐心，孩子才会更快地成长。

父母妙答：好孩子的怪问题

5 "为什么水果要被人吃掉？"

情景再现 明基快3岁了，每天都会围着爸爸妈妈不停地问为什么。今天，明基妈妈带明基吃水果。明基边吃水果，边沉思。过了一会儿，明基突然问妈妈："为什么水果要被人吃掉呀？"

常见的回答 "这是什么问题嘛，根本都不要回答。"

专家分析

对不少家长来说，孩子的问题给自己带来了欢乐，也带来了难以解答的烦恼。那么，如何面对对什么都充满好奇的孩子？是用善意的谎言或者是支支吾吾的解释？都不必！运用你的智慧和耐心，就能找到合适的解答方法。

消极的回答 "吃东西不要问问题。"
"你这个笨蛋，水果就是被人吃的嘛！"

合理的回答 "水果的价值就在于给人提供营养，就像我们帮助别人我们自己会很开心一样。"

举一反三

引导思考型——"为什么水果要被人吃呢？如果人不吃水果，水果会不会烂掉呢？那样营养也白白地流失了是不是呢？"

快乐承诺型——"水果喜欢帮助我们长身体，所以我们要多吃水果呀！"

温情传递型——"宝贝儿，水果喜欢被人吃，水果长熟之后，给人带去营养，是水果自己的愿望！"

 **温馨提示**

碰到难以解答的问题,不妨自己也当个提问者,给孩子提问题,让孩子自己学会思考问题,而不是所有的答案都要家长提供。

6 "为什么要少吃零食?"

【情景再现】 小雨从小是爷爷奶奶带着,老人总是很宠孙子,有什么好吃的都留给他吃,平时也会变着法儿给孙子买好吃的。小雨妈妈决定要改掉孩子吃零食的习惯。今天早上,小雨一起床,就准备找零食吃,可是平时放零食的地方都没有零食了。小雨找了很久没找到,就哭起来了。小雨妈妈告诉他,零食妈妈收起来了,以后要吃饱饭之后才能吃零食,而且慢慢地要少吃零食。小雨边抽泣边问:"妈妈,为什么要少吃零食呀?"

【常见的回答】 "零食对身体不好!"

专家分析

随着生活水平的提高,各种好吃的小食品在儿童膳食中的比例越来越大。然而好吃并不等于有营养。儿童食品为了增加其色泽和口感,往往添加了大量的色素、香精、甜味剂、防腐剂等。长期吃零食会对儿童的肝脏、血液、中枢神经系统构成危害,影响儿童的健康成长。另外,零食会让孩子对其浓烈的味感形成依赖,不喜欢吃鱼、奶、蔬菜等清淡有营养的食品,导致膳食结构不合理、不均衡,危害儿童的身体健康。所以,家长一定要控制孩子的零食,让孩子养成良好的饮食习惯,使孩子健康地成长。

【消极的回答】 "不给吃就是不给吃,有什么好问的!"
"再要吃零食就不要你了!"
"你真是不听话呀,有你这样的孩子真是倒霉!"

父母妙答：好孩子的怪问题

"吃零食会让我们的身体发胖，而且会让我们吃不下有营养的食物。"

举一反三

引导思考型——"宝贝儿，你吃过零食之后，是不是不想吃饭了呢？零食填饱了你的胃，让你没有办法吃有营养的食物，长期这样的话，你都不能长高了，你要不要这样呢？"

快乐承诺型——"宝贝儿，少吃零食，多吃饭菜和水果，会让你长得很高很壮！"

故事教育型——"宝贝儿，你还记得故事里的小鱼吗？小鱼不停地吃零食，结果长得太胖了！大灰狼来的时候，它都跑不动，结果被大灰狼吃掉了是吧？你也要像小鱼一样吗？"

温馨提示

家长要注意尽量少地给孩子吃零食，特别是饭前不要给孩子零食，让孩子感到饥饿，从而形成规律的饮食习惯。另外，给孩子安排好活动，转移孩子的注意力，不要让孩子把注意力总是放在吃零食上。

十四 孩子对自然的提问

1 "太阳为什么会发光?"

情景再现 迪迪是个喜欢思考的孩子,今年已经五岁半了。今天是周末,爸爸妈妈带着迪迪去公园玩,中午,太阳暖暖地照在身上,让人身体懒洋洋的。迪迪和爸爸妈妈坐在长椅上休息。迪迪用手挡住阳光,看着天空。突然,他问:"太阳为什么会发光呀!"

常见的回答 "你没听说太阳是个大火炉吗?"

专家分析

太阳主要由氢组成,氢占其质量的70%以上。在太阳内部高温高压的条件下,氢原子会发生热核反应,即由4个氢原子核合成为1个氦原子核。在这个反应中,有一部分质量转化为能量,放出大量的热量。太阳内部的热核反应,类似于地面上的氢弹爆炸。正因为在太阳核心区不断地发生无数的"氢弹爆炸"过程,所以源源不断地供应了太阳辐射出的光和热。

这个问题对于不到6岁的孩子来说,是很难回答的,家长可以利用一些简单的事例来打比方,也可以要求孩子学习了一定知识后,自己寻找答案。

消极的回答 "这是常识,怎么连这个也不知道。"

"我不知道,你别问我,烦死了。"

父母妙答：好孩子的怪问题

合理的回答 "这个问题爸爸妈妈不知道。等你长大后，学习了这方面的知识，再来告诉爸爸妈妈答案好不好？"

举一反三

引导思考型——"太阳会发光，是因为太阳本身会产生一些反应，使太阳表面散发着光和热，我们从地球上看，太阳就会发光了。"

快乐承诺型——"这个问题爸爸妈妈也不知道，我们回家找资料吧，记得要提醒爸爸妈妈哟！"

温情传递型——"宝贝儿，你观察真细致！这说明你在认真思考问题！太阳发光是自然规律，等你长大了就会学到这类知识，你现在要多学认字哟！等你长大就可以学到更多的知识了。"

温馨提示

孩子的问题家长不会回答，不要紧张也不要哄骗孩子，可以如实告诉孩子，家长并不是所有的问题都知道答案，引导孩子自己寻找答案。

2 "天为什么要下雨？"

情景再现 今天，洛洛妈妈带洛洛去商场买东西。天公不作美，下起了毛毛细雨。地上已经越来越湿了，妈妈怕洛洛踩湿鞋子，就将洛洛抱了起来。路边，有几个和洛洛差不多大的小朋友在雨中玩耍，洛洛看得很眼馋。可是妈妈紧紧地抱着他赶路。洛洛看着这漫天飘舞的小精灵，问妈妈："天为什么要下雨呀！"

常见的回答 "有人惹天生气了，天就哭了。"

专家分析

雨是从云中降落的水滴。陆地和海洋表面的水蒸发变成水蒸气，水蒸气上升到一定高度后遇冷变成小水滴，这些小水滴组成了云，它们在云里互相碰撞，合并成大水滴，当它大到空气托不住的时候，就从云中落了下来，形成了雨。雨的形态有毛毛细雨，有连绵不断的阴雨，还有倾盆而下的阵雨。雨水是人类生活中最重要的淡水资源，植物也要靠雨露的滋润而茁壮成长。

消极的回答　"你不听话，连天都气哭了！"
"天要下雨，这有什么好问的！"

合理的回答　"雨是云里的水滴降落下来的。雨水是个好东西，农民伯伯种的农作物，路边的树，有了雨水的滋润，就能长得很强壮。就像我们人需要多喝白开水才能更健康一样。"

举一反三

引导思考型——"宝贝儿，天为什么要下雨，这个问题妈妈不知道答案，我们回家找资料，一起探索好不好？"

拓展思维型——"宝贝儿，下雨就是云层中的水滴落下来了。你想想看，雨水有什么作用呢？"

温情传递型——"宝贝儿，雨是从云中降落的水滴！水掉到我们身上，会让我们的衣服变湿，穿着湿衣服会让人着凉的。所以我们要赶快找个避雨的地方。"

温馨提示

下雨是自然规律，太小的孩子，给他解释下雨的成因，孩子理解起来会很困难。不如简单带过，重点给孩子讲解孩子能理解的东西，进行延伸教育。

3 "为什么会刮风？"

情景再现　郭郭已经五岁半了，对自然很感兴趣。今天是周末，爸爸

父母妙答：好孩子的怪问题

妈妈带着郭郭去公园放风筝。他们来到公园，已经有不少人在放风筝了。郭郭赶紧催促爸爸妈妈拿出风筝。在爸爸的帮助下，郭郭的风筝也飞上了天。看着风筝在空中迎风飞翔，郭郭问："爸爸，为什么会刮风呢？"

常见的回答 "这个是常识，天会刮风也会下雨呀！"

专家分析

风的形成是空气流动的结果。风就是水平运动的空气，空气产生运动，主要是由于地球上各纬度所接受的太阳辐射强度不同而形成的。在赤道和低纬度地区，太阳高度角大，日照时间长，太阳辐射强度强，地面和大气接受的热量多、温度较高；高纬度地区太阳高度角小，日照时间短，地面和大气接受的热量小，温度低。这种高纬度与低纬度之间的温度差异，形成了南北之间的气压梯度，使空气会做水平运动，风就产生了。

消极的回答 "你诚心拿这样的问题来难为我，太不尊重长辈了。"
"笨蛋，这样的问题也好意思拿来问！"

合理的回答 "刮风是因为空气在运动。你知道风可以用来做什么吗？"

举一反三

引导思考型——"宝贝儿，空气运动就形成了风。宝贝儿，你想想看，我们放风筝需要风吧！没有风风筝能飞上天吗？"

快乐承诺型——"宝贝儿，这是空气在运动呢。你知道吗？风可有用了，能帮我们把风筝送上天，还能发电，飞机起飞也离不开风呀！"

温情传递型——"宝贝儿，这个问题爸爸也不知道！我们回家之后再找答案好不好？现在我们闭上眼睛来享受风的温柔吧！"

温馨提示

刮风不一定是飞沙走石，风也有温柔的一面。教育孩子，也需要像风一样，温和、有耐心，还要像风一样，能够包容一切！

4 "为什么风会把树刮到天上?"

情景再现 双双三岁半了,一个人在看电视,动画片里正在播放龙卷风。龙卷风好厉害呀,把房子刮倒了,还把大树连根拔起,卷到了天空中,然后再重重地摔下来。双双看了觉得很害怕,就跑到厨房,不停地喊:"妈妈,妈妈,我怕!"妈妈抱着双双,双双说:"电视里的风很大呀,把树刮到天上了。为什么风会把树刮到天上呀?妈妈!"

常见的回答 "那是龙卷风,龙卷风就能把树呀、房子呀,甚至人也刮到天上去!"

专家分析

龙卷风的形成是因为大气的不稳定性产生强烈的上升气流,由于急流中的最大过境气流的影响,它被进一步加强。由于与在垂直方向上速度和方向均有切变的风相互作用,上升气流在对流层的中部开始旋转,形成中尺度气旋。随着中尺度气旋向地面发展和向上伸展,它本身变细并增强。同时,一个小面积的增强辅合,即初生的龙卷在气旋内部形成,产生气旋的同样过程,形成龙卷核心。龙卷核心中的旋转与气旋中的不同,它的强度足以使龙卷一直伸展到地面。当发展的涡旋到达地面高度时,地面气压急剧下降,地面风速急剧上升,形成龙卷风。

龙卷风常发生于夏季的雷雨天气,尤以下午至傍晚最为多见。龙卷风的生存时间一般只有几分钟,最长也不超过数小时。但是破坏力极强,龙卷风经过的地方,常会发生拔起大树、掀翻车辆、摧毁建筑物等现象,有时把人也吸走,危害十分严重。

孩子看到这样的场面,很容易产生恐惧感。

消极的回答 "怎么连这个也不知道,是龙卷风,笨蛋。"

"龙卷风很厉害,经常惩罚不听话的孩子。那棵树就是因为不听话才被刮到天上去了。"

合理的回答 "宝贝儿,别害怕,那是龙卷风。龙卷风很少,如果真的有,我们打开窗户就可以了。"

举一反三

引导思考型——"宝贝儿,妈妈陪着你,那是电视里的龙卷风,你看看外面,没有刮风是不是?如果真的有龙卷风,我们要怎么保护自己呢?"

快乐承诺型——"宝贝儿,那是电视里在播龙卷风呢!别害怕,妈妈见过龙卷风,有龙卷风来的时候,只要打开窗户,躲到地下室就可以了。"

转移注意力型——"宝贝儿,你看到的是龙卷风!没什么可怕的,龙卷风来的时候,你看到电视里的小朋友怎么保护自己了吗?"

温馨提示

孩子看电视,有利于孩子学说话和促使其天生的理解力得以充分发展。不过家长应为孩子选择知识性节目,不宜给孩子看奇异惊险的武打和凶杀片。因为孩子的神经发育尚未健全,易受惊吓,导致孩子做噩梦,对孩子是有害无益的。

5 "雪为什么是白色的?"

情景再现 今天下雪啦!天刚亮,畔宝就爬起来,到窗户边把窗帘打开。一打开,畔宝就喊:"爸爸妈妈,快看呀,好白呀!"哦,原来是下雪啦!畔宝可开心了,看着雪花在空中跳舞,自己也在床上蹦呀蹦的。再看地上,房子上,树上,都是白白的,整个世界都变成白色的了。畔宝很好奇地问:"爸爸妈妈,雪为什么是白色的?"

常见的回答 "雪本来就是白色的嘛!"

十四 孩子对自然的提问

专家分析

雪为什么是白色的？家长平时一定很少会想到这个问题。原来细小的透明冰屑有许许多多的棱角。光线在每一个棱角上发生折射，大部分的光线不能顺利地透过去，有的光线经过曲折的路径又回到人的眼睛中，所以看上去是白色。浴室的门窗上装的毛玻璃或压光玻璃也是利用光线的这个原理。假如你把雪装在一个玻璃杯里，倒少量的水，这点水并不能够把雪融化，但是能把雪花内冰屑之间的空隙填满。我们能够看到的是，雪变成透明的了。

孩子的眼睛能够看到家长们平时视而不见的景象！看似平常的景象，其实包含了不少的科学奥秘呢！

消极的回答 "你看到是白色的，它就是白色的嘛！"
"这是什么问题，只有笨蛋才会那么问！"

合理的回答 "宝贝儿，你已经能思考问题了，爸爸真是高兴啊！雪是由冰屑组成的，冰屑不透光，传到我们的眼睛里，我们看到的雪花就是白色的了。"

举一反三

解决问题型——"雪为什么是白色的？这个问题我们也不知道答案，让我们一起来找找资料吧！"

快乐承诺型——"宝贝儿，因为雪花不透光，我们看雪花的时候，光又返回到我们眼睛里，雪花看起来就是白色的了。你看多好的雪呀，我们吃过早饭去打雪仗好不好？"

温情传递型——"宝贝儿，我们看到雪花是白色的，是因为光线不能透过雪花的原因！啊，下雪了，宝贝儿想不想出去打雪仗呀？"

温馨提示

孩子的心就像雪花，很洁白也很脆弱。家长要做的，就是尽可能地保护孩子小小的自尊，让孩子慢慢地健康成长。

6 "为什么先看到闪电后听到雷声?"

情景再现 今年的夏天,雷雨天气特别多。默默一家吃过晚饭,正在看电视的时候,又开始下暴雨了,还夹杂着电闪雷鸣。默默妈妈关掉电视,熄了大灯,只留小灯,抱着默默,一起看窗外闪电。默默听了一会儿,就问:"妈妈,为什么先看到闪电后听到雷声呢?"

常见的回答 "因为眼睛在前面,耳朵在后面。"

专家分析

云层在运动过程中产生的电荷,在放电时产生电火花,既有光也有声,就是雷电。雷电中的光和声比我们生活中见到的电火花要强大很多。我们先看到闪电后听到雷声,是因为在空气中,光的传播速度快,很快就能到达地面,而声音在空气中的传播速度慢,过一会儿才会传到大地上来。其实闪电和雷声是同时出现的,不过我们会先看到闪电后听到雷声。

消极的回答 "这是自然规律,没什么好问的!"
"你这个孩子,怎么回事,不停地问来问去,烦不烦呀!"

合理的回答 "这是因为光跑得比声音快,就像兔子跑得比蜗牛快,兔子就会先到终点。"

举一反三

引导思考型——"宝贝儿,你认为这是什么原因呢?闪电是光,雷声是声音,光跑得比声音快。打雷的时候,同时会有闪电和雷声,你觉得是光先到我们跟前,还是雷声先到我们身边呢?"

快乐游戏型——"宝贝儿,闪电的速度比雷声快。我们来比赛,看谁先跑到厨房,谁先到就是闪电,谁后到就是雷声!"

十四　孩子对自然的提问

温情对比型——"宝贝儿，闪电的速度快于雷声的速度！就像我们坐车去公园要比走路早一些到达公园一样。"

 **温馨提示**

孩子总是探究自己身边的一切。以"自然"和"人"的问题占多数，其中自然问题如气象、天体等方面的问题，它们的动态与变化在孩子心目中富有神秘感。孩子处于大脑迅速发育时期。相应的，会带来语言与智力上的迅速发展。因此，询问期是个关键的时期，父母对孩子的问题回答得当，能促进孩子智力的健康发展。

7 "天上为什么会有云？"

情景再现　西子是个聪明伶俐的小姑娘，今年已经4岁了。西子喜欢唱歌，但是更喜欢提问题。看到什么事情都要问个为什么。今天，西子的爸爸妈妈带西子去郊游。他们爬到半山腰，看到晴朗的天空飘着洁白的云朵，感叹道："今天天气真好呀，云朵都那么白，那么飘逸！"西子看着天空中的云朵，好奇地问："爸爸妈妈，天上为什么会有云呀？"

常见的回答　"天上有云是很正常的事情嘛，有什么好问的。"

专家分析

云，我们并不陌生，晴朗天空里那白白的和阴雨天那乌黑的都称作云。它们让天空变化莫测。人们常常看到天空有时万里无云，有时白云朵朵，有时又是乌云密布。为什么天上有时有云，有时又没有云呢？云究竟是怎样形成的呢？漂浮在天空中的云彩是由许多细小的水滴或冰晶组成的，有的是由小水滴或小冰晶混合在一起组成的。有时也包含一些较大的雨滴及冰、雪粒，云的底部不接触地面，并有一定厚度。

当孩子问到这个问题的时候，不管家长能回答得怎么样，但是起码要接受

父母妙答：好孩子的怪问题

孩子的好奇心，让孩子有勇气提问，从而让孩子更好地认识周围的世界。

消极的回答 "天上有云，是因为有仙女在飞，她们在看地上有没有不听话的宝宝，有的话就要带走。"

"天上的云是天宫里的神仙在抽烟呢。"

合理的回答 "天空中的很多小水滴和小灰尘聚集在一起，就变成了云。"

引导思考型——"宝贝儿，这是因为天空中有很多的水滴和灰尘聚到了一起。你看云朵是不是像棉花一样呢？"

快乐承诺型——"宝贝儿，你这个问题问得相当有难度哦！你看那洁白的云，实际上是由空气中的水滴和灰尘聚集到一起形成的。我们来数数看，有多少云朵？"

温情传递型——"宝贝儿，云朵是空气中的水分和灰尘组成的！云朵就像天空的孩子一样，在天空妈妈的怀抱里玩耍，你看她们玩得多开心呀，一会儿跑到这儿，一会儿又到那儿去了。"

温馨提示

面对孩子提出的各种各样的问题，家长有时会觉得可笑或者完全回答不出，但家长必须首先接纳孩子的好奇心理。如孩子问："天空为什么是蓝色的呢？"父母应该说："是呀！天空真美丽，为什么天空是蓝色的呢？"如果家长一时答不上来，也应认真思考并说："我们来查一下书本吧！"孩子受到鼓励，以后才会继续发问。

十四　孩子对自然的提问

8 "为什么会下冰雹？"

情景再现　很炎热的天气，突然下起了大雨，雨中夹杂着豌豆大小的冰雹。格格正在家里玩，突然听到隔壁的丽丽在敲门，丽丽告诉格格，外面在下冰雹。格格刚三岁两个月，不知道冰雹是什么。格格妈妈打开窗户，接到了一粒冰雹。格格看到一个透明的小珠子，她很好奇地问妈妈："为什么天上会下冰雹呢？"

常见的回答　"天会下雪，下冰雹也是很正常的事情呀！"

专家分析

夏季，偶尔会发生这样的情况：闷热的天气里，突然雷电交加，狂风怒吼，竟然下起一粒粒像蚕豆甚至像鸡蛋和拳头般大小的冰雹来。这是什么原因呢？这是因为在雷雨云中空气上升最猛烈，强烈的对流将水滴推到更高的高空，由于体积变大，而且高度很高，雨滴纷纷变成了冰，再迅速落到地面。这就是冰雹的由来。

消极的回答　"出去玩吧，别在这里烦人啦！"
"你怎么那么多傻问题，越长大越傻了！"

合理的回答　"宝贝儿，这是因为空气将水滴推到高空，让水滴变成了冰，然后迅速掉到地面。夏天看到冰雹一定让你觉得很奇怪吧！"

举一反三

引导思考型——"宝贝儿，你想想看，为什么夏天会下那么冷的冰雹呢？这到底是什么原因呢？哦，原来是水滴被空气带到很高的天空，水滴就变成了冰，然后又很快地掉下来。哇，真是很神奇呢！"

快乐承诺型——"是吗？夏天为什么会下冰雹呢？这是怎么回事呢？"

父母妙答：好孩子的怪问题

温情传递型——"宝贝儿，这个问题妈妈也不会解答！这样吧，我们和丽丽一起去网上找找资料，看到底是什么原因，这么热的天气居然下起冰雹了！"

温馨提示

孩子发问时，家长要用诚恳的态度回答，但不要使孩子对家长产生依赖心理。不管什么问题，都问家长就不好了。比有问必答更为重要的是，让孩子养成心中有疑问，先自己思考的习惯。孩子在发问时，家长不要忙于回答，必要时可反问一下孩子为什么，引导孩子多思考。

9 "为什么会地震呀？"

情景再现 "5.12"大地震以后，幕幕家每天都在关注地震的消息，每天全家都一起在电视机前看新闻。幕幕看到电视里很多倒塌的房子，还有受伤的人，好奇地问："这是怎么啦？"爸爸告诉她，这是我们祖国的四川省发生了地震。幕幕接着问："为什么会地震呀？"

常见的回答 "老天要地震，我也不知道为什么呀！"

专家分析

在地壳运动的过程中，地壳的不同部位受到了挤压、拉伸、旋扭等力的作用，那些构造比较脆弱的处所就容易破裂，引起断裂变动。这种变动成为地震的主要原因。全世界90%以上的地震，都是由于地壳的断裂变动造成的，这类地震称为构造地震。另外，火山爆发、洞穴坍塌等也可造成地震，但数量都很少，规模也很小。因此地震也可以说是现今地壳运动的一种表现。

消极的回答 "我怎么知道答案呀，你的问题太为难我了。"
"看电视，怎么那么多问题，问得我们都不能看电视了。"

合理的回答 "是呀，怎么会地震呀。你想不想要地震呢？"

举一反三

引导思考型——"宝贝儿,地震是地壳在运动。你看地震是不是让很多房子都倒了?是不是有很多人受伤呢?地震好不好呢?"

学会同情型——"宝贝儿,地壳里面的运动,形成了破坏性的地震。我们的同胞都在受苦,我们明天去捐款给他们好不好?"

温暖传递型——"宝贝儿,你这个问题问得很好!为什么要地震啊?你看很多人失去了自己的亲人,他们很痛苦,我们怎样能帮助他们呢?"

温馨提示

提问是孩子求知的表现。在生活中,家长不仅要认真地回答孩子的提问,还要适当地启发孩子提问,也可对孩子提的问题进行深一步的发问,以引导孩子思考。当孩子在你的诱导下自己得出答案后,他会很高兴,同时他也有了自信心,有了探索欲。

父母妙答：好孩子的怪问题

十五
孩子对动物的提问

1 "人为什么要养猫？"

情景再现 3岁的滔滔特别怕猫，这是因为有一天滔滔去楼下花园里玩，跑着跑着有一只黄色的猫就来追他。尽管那只猫并没有咬他，可滔滔从此以后就害怕猫。刚开始被猫追后，吓得不敢出门，即便出门也要叫上家人一起去。每次出门的时候，滔滔就很紧张，害怕碰到猫。还不停地问妈妈："为什么人要养猫呢？"

常见的回答 "养猫是养猫人的权利，你不用管。"

专家分析

孩子怕猫，是因为他曾经被猫追过。在孩子幼小的大脑皮层中，留下了对"猫"这一概念的强烈记忆。俗话说："一朝被蛇咬，十年怕井绳。"成人尚且如此，更何况孩子呢？因此，家长需要及时给孩子一些心理治疗，避免孩子留下"怕猫综合征"。

首先家长要以身作则，说服孩子不怕猫。也可以给他买一只可爱的玩具猫，看一些可爱的猫的图画，讲一些猫保护人的故事，帮助孩子建立"猫不一定会咬人"的概念。其次，可以用语言帮助孩子，消除他对猫的误解和害怕。比如说："小猫小猫，真可爱，它看到好吃的就喵喵叫哦！一只好可爱的小猫啊，它的毛真软呢！"家长充满信心的口吻和态度对孩子尤其重要。如果有可能的话，可让孩子和猫渐渐接近。让孩子在安全的距离内观察猫，然后选择对人友善、孩子比较熟悉的小猫，让孩子慢慢接近它，直到孩子内心的恐惧感逐渐消失。但是，家长要注意的是，不要超过孩子所能接受的程度，否则将适得其反。

消极的回答

"你怎么那么喜欢管闲事，别人养猫也要管。"

"你真是个大麻烦，怎么那么多废话，再问这样没有意思的问题，我就不要你了。"

合理的回答 "是呀，为什么人要养猫呢？你觉得人应不应该养猫呢？"

举一反三

引导思考型——"宝贝儿，猫咪看起来是不是很可怕？可是你知道吗？很多猫咪是人类的朋友，它们能帮助主人抓偷吃东西、咬坏衣服的大老鼠，你看猫咪是不是很有用呢？不过，以后你看到身边有猫时，千万不能跑，你可以按照你正常的速度走路，当猫离你很近时，你可以大声地叫，就像小熊一样大叫把猫赶走。"

快乐承诺型——"宝贝儿，人们为什么要养猫呢？妈妈带你看一个猫咪的动画片，看看猫咪是对人有用还是对人有害的，好不好？"

温情传递型——"宝贝儿，你是不是有些害怕呢！你的心情妈妈能理解。妈妈小时候也很害怕猫咪，可是后来外婆养了一只猫，那只猫可好啦，跟妈妈成了好朋友。每当妈妈寂寞时，猫咪都会陪妈妈玩，从此妈妈就喜欢猫咪啦！不过，不要随便抱别人家的猫咪，猫咪看到陌生人会害怕，可能会抓陌生人呢！"

温馨提示

孩子往往都有自己害怕的东西，有的是在真实生活中受过惊吓，看到过可怕的人或事；也有的孩子害怕在故事中听来的大灰狼和妖怪；还有一类恐惧心理来自孩子的丰富的想象力。家长不要嘲笑孩子的恐惧，更不要给孩子制造恐惧心理，这种恐惧心理对孩子来说是真实的，甚至会对孩子的心理产生不良影响。家长应该安慰孩子，告诉孩子爸爸妈妈会一直在他身边保护他，没有什么可以伤害到孩子。

2 "为什么鱼会长鳞呢？"

情景再现 3岁的甜甜看到妈妈在厨房刮除鱼鳞，她歪着头看了一会儿，问道："妈妈，为什么鱼会长鱼鳞呢？"

常见的回答 "鱼本来就长着鱼鳞呀。"

专家分析

鱼为什么长鳞？这真是难以回答的问题，想要回答好还真是令人头痛。根据科学原理来答复，对3岁的孩子而言，是不容易理解的。最好的方法是根据孩子的认知程度，利用身边的事物来举例回答。可以把鱼鳞比喻成衣服，这是孩子很容易了解的说明方式。对大一些的孩子，可以站在孩子的角度，以思考的方式来回答问题。比如："鱼为什么要长鳞呢？长鳞能有什么用呢？"

最常见的回答，会让孩子在这个问题上产生更多的疑问，进而不断反问为什么。或者认为父母不喜欢自己问问题，导致孩子关闭问问题之门。所以，父母首先要保护孩子的好奇心，鼓励孩子能够经常表达他的好奇心。然后根据孩子的认知特点和理解能力来回答。也可以把这个问题向日常生活中碰到的难题加以引导，帮助孩子顺利改正一些小毛病。

消极的回答 "太脏了，快走开！"
"你知道吃鱼就行了，问它长鳞干吗！"

合理的回答 "这就像我们穿衣服一样，鱼在水中会冷，所以要穿衣服。这样的话，当它在水中游玩时，如果碰到岩石，就不会受伤。"

举一反三

引导思考型——"鱼为什么要长鳞呢？是不是和我们穿衣服一样呢？要是

没有鱼鳞,它会不会冷呢?"

循循善诱型——"那是鱼的衣服。鱼长了鱼鳞,就不会感冒。就像我们洗完澡,就要立刻穿衣服一样,否则鱼就会生病,要打针了。"

柔情赞赏型——"宝贝儿,你这个问题问得相当好!鱼鳞是用来保护鱼的身体不受伤害的,就像我们的鞋子会保护我们的脚板一样。"

温馨提示

按照孩子智力的发展程度,选择孩子容易理解的内容来回答孩子的问题,这是很见效的。对不同性格的孩子,父母要"因材施教"。

3 "猫为什么喜欢抓老鼠?"

情景再现 晨晨已经三岁四个月了,最近很喜欢看一个讲猫和老鼠的动画片,看到动画片里的猫总是不停地去抓老鼠,而老鼠总是能够机敏地逃脱。晨晨很开心老鼠没有被猫抓住吃掉。可是看到猫总是不放弃抓老鼠,晨晨就好奇地问妈妈:"猫为什么喜欢抓老鼠呀?"

常见的回答 "猫不抓老鼠它吃什么呀!"

专家分析

猫为什么要抓老鼠,不少人都会认为猫抓老鼠只是为了填饱肚子。可是研究表明,猫不能在自己的体内合成一种叫鱼磺酸的氨基酸,如果长期缺乏鱼磺酸,猫将渐渐丧失夜视能力。而老鼠肉中鱼磺酸的含量比较高,所以猫要不断地捕食老鼠,才能弥补体内鱼磺酸的不足。当然现在很多猫粮里已经有了这一成分,所以很多宠物猫都不吃老鼠了!

当孩子问到这个问题,你会怎么回答他呢?是编个神话哄骗孩子,还是让孩子不要问?既然家长也不一定知道猫抓老鼠的原因,那就不如如实告诉孩子真相,和孩子一起寻找答案。让孩子在参与的过程中,学会解答问题的方法。

父母妙答：好孩子的怪问题

消极的回答 "笨蛋，猫天生就是抓老鼠的！"
"看电视就看电视，问那些废话干吗？"

合理的回答 "是呀，猫为什么要抓老鼠呢？你希望猫去抓老鼠吗？"

举一反三

引导思考型——"宝贝儿，你是怎么想的呢？你想要猫抓老鼠吗？"

开拓思维型——"宝贝儿，这个问题妈妈也不知道答案。你觉得猫为什么要抓老鼠呢？猫如果不抓老鼠那它去干啥呢？"

温情传递型——"宝贝儿，你认为猫如果不抓老鼠，它应该去做什么呢？"

温馨提示

当孩子对一个问题产生疑问而提出问题的时候，家长往往会忽视孩子问问题的真正原因，而是按照我们成人的逻辑进行回答。这样当然不能让孩子满意，孩子就会不停地问问题，弄不好家长还会急："你这孩子怎么这么烦，问起来没完没了的！"但是如果我们仔细考虑孩子的心思，或者干脆去问问孩子在想什么，然后再给出答案，或许孩子那些难以回答的问题根本就不复杂。

4 "鸡为什么会下蛋？"

情景再现 前天在回家的路上，涪涪问妈妈："鸡为什么会下蛋？"涪涪妈妈心想：这个问题，该怎么回答啊？于是涪涪妈妈回答说，鸡就应该下蛋。可是涪涪不死心，接着问："那鸡喜欢吃什么呢？"涪涪妈妈随便回答是米粒。事后，涪涪开始转而问爸爸："鸡为什么要下蛋？"

常见的回答 "鸡长大了就要下蛋嘛！"

十五 孩子对动物的提问

专家分析

"鸡为什么要下蛋?"——这个问题不知道困扰了多少人。不少孩子的家长也被孩子问得不知道怎么回答。正确的答案到底是什么?不是所有的问题都能找到正确答案,不是所有的答案都能让孩子理解。那么,不如给孩子一个没有答案的回答,却让孩子真正地学会思考问题。

消极的回答 "鸡又下不出老鼠来,不下蛋它下什么呢?"
"鸡下蛋是祖传的,鸡不用去思考自己为什么要下蛋。"

合理的回答 "鸡下蛋是鸡繁殖后代的一种方式。

举一反三

引导思考型——"鸡如果不下蛋的话,它怎么繁殖后代呢?"
反向提问型——"宝贝儿,鸡会下蛋,鸟也会下蛋是不是呢?那么它们下蛋是为了干什么呢?"
循循善诱型——"宝贝儿,你认为鸡为什么要下蛋呢?你自己是怎么想的呢?"

温馨提示

孩子问出的问题难以回答时,家长千万不要敷衍了事,以为简单的几句话就可以打发孩子。实际上,你会发现,孩子对自己提的问题很认真,很执著。不要辜负孩子对你的信任,和孩子一起探索,和孩子一起长大。

5 "鱼为什么要被人吃掉?"

情景再现 飞飞妈妈带飞飞去菜市场买菜。他们走到鱼摊前,买了一些鱼肉。看着鱼池里各种各样的鱼,飞飞突然问:"妈妈,鱼为什么要被人吃

父母妙答：好孩子的怪问题

掉呢？"飞飞妈告诉他，鱼长大就是为了给人吃的。等到回家之后，看妈妈在洗鱼，飞飞又问："妈妈，鱼为什么要被人吃掉呢？"

常见的回答 "鱼就是给人吃的嘛！"

专家分析

鱼肉味道鲜美，不论是食肉还是做汤，都清鲜可口，营养丰富，是人们日常饮食中比较喜爱的食物。鱼类种类繁多，大体上分为海水鱼和淡水鱼两大类。但不论是海水鱼还是淡水鱼，其所含的营养成分大致是相同的，所不同的只不过是各种营养成分的多少而已。鱼肉营养价值极高，经研究发现，儿童经常食用鱼类，其生长发育比较快，智力的发展也比较好，而且经常食用鱼类，人的身体比较健壮，寿命也比较长。

鱼肉含有叶酸、维生素 B_2、维生素 $_{12}$ 等，含有丰富的镁元素，维生素 A，以及铁、钙、磷和丰富的完全蛋白质，无机盐等含量也比较高。

另外，鱼肉的肌纤维比较短，蛋白质组织结构松散，水分含量比较多，因此，肉质比较鲜嫩，与禽畜肉相比，吃起来更觉软嫩，也更容易消化吸收。

消极的回答 "不听话的就会被杀了吃掉，鱼不听话就被杀了吃掉了。"
"鱼长大了不去上幼儿园，就被杀掉了！"

合理的回答 "是呀，鱼为什么要被人吃掉呢？你觉得是为什么呢？"

举一反三

引导思考型——"鱼肉是不是很有营养呢？人们吃鱼肉是不是为了长高长壮呢？"

快乐承诺型——"鱼肉味道鲜美，营养丰富，最重要的是，鱼喜欢帮助人，愿意用自己的肉让人强壮起来！"

温情传递型——"宝贝儿，如果鱼不给人吃掉，那它长大后去做什么呢？"

温馨提示

孩子感情很细腻，求知欲也很强。孩子不停地问为什么，是因为他没得到自己想要的答案。家长这时候千万不要不耐烦,即使孩子每天都问一遍同样的问题,也要耐心且温柔地告诉他,要不厌其烦。

6 "为什么公鹿会长角而母鹿不长角?"

情景再现 幼儿园组织小朋友们去公园看麋鹿,咸咸有幸看到了麋鹿的风姿。回家后,咸咸很兴奋,不停地跟妈妈说起在公园看到的动物,当然说得最多的是麋鹿。就像以前一样,咸咸带回来不少问题,其中一个就是:"为什么公鹿会长角而母鹿不长角?"

常见的回答 "因为公鹿喜欢打架呀!"

专家分析

世界上有很多头上长角的动物。那么,为什么有的动物头上长角呢?骨质的角又长又尖,而且十分坚硬,动物可以用角来做防御性的武器。但是很多动物只有雄性的头上长角,雌性头上却无角,这种现象主要与求偶竞争有关系。鹿就是其中的代表,它们很少和异类动物发生争斗,对付敌害的唯一办法,就是飞快地逃跑。雄鹿的角主要用于争夺雌鹿,雄鹿的角是在不断的战斗中发达起来的。

消极的回答 "鹿妈妈生下公鹿来,公鹿自然就会长角呀!"
"因为公鹿爱美,所以向它妈妈要了角。"

合理的回答 "为什么公鹿会长角呀?你希不希望公鹿长角呢?"

举一反三

引导思考型——"宝贝儿,如果公鹿不长角,其他的公鹿来抢它的老婆,那它怎么保护自己的权利呢?"

发散思维型——"宝贝儿,公鹿长角是因为它要跟其他公鹿抢母鹿。如果

父母妙答：好孩子的怪问题

公鹿不长角，你希望它长什么呢？"

温情传递型——"宝贝儿，你很细心，观察得很仔细。公鹿长角是它进化的结果！"

 温馨提示

在成人眼中，公鹿长角是很正常的事情，而孩子却充满了好奇。孩子也许还不能理解动物的生活习性和进化特点，但这对观察生活、了解生活又有什么影响呢？让孩子保持好奇心，去探索世界吧！

7 "蛇为什么没有脚却能爬？"

情景再现 军军一直很喜欢玩那条小蛇的玩具，那是小姨送给他的生日礼物。军军经常拿着这条蛇去吓人，有时候也会偷偷地放我旁边来吓我，这是他最得意的事情。一天中午，军军一个人在自己房间玩了很久，后来出来了，手里拿着小蛇，问："妈妈，你知道蛇为什么没有脚却能爬吗？"

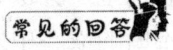 "因为蛇是爬行动物嘛！"

专家分析

蛇的爬行本领和它身披的独特外衣以及骨骼构造有关。蛇的全身都包裹着鳞片，但这些鳞片和鱼的鳞片不同。蛇的鳞片是由皮肤最外面一层角质层变成的，所以叫做角质鳞。蛇的鳞片比较坚韧，不透水，也不能随着身体的生长而相应地长大。蛇长大一段需要蜕一次皮，蜕皮后新长的鳞片比原来的要大些。蛇鳞不仅有防止水分蒸发和机械损伤的作用，也是蛇没有脚能够爬行的主要构造。蛇没有胸骨，它的肋骨能前后自由活动。当肋皮肌收缩的时候，使肋骨向前移动而使腹鳞稍稍翘起。翘起的鳞片尖端像脚一样踩住地面或其他物体，就推动身体前进。

十五 孩子对动物的提问

消极的回答 "蛇一生下来就会爬行嘛!"
"因为蛇会变呀!"

合理的回答 "因为蛇有其他的身体构造,能使它很方便地滑行呀!"

举一反三

引导思考型——"蛇没有脚怎么爬呢?你觉得是什么原因呢?"

直截了当型——"蛇没有脚都能爬行,是因为它骨骼的特点,还有身上的鳞片能帮助它。"

温情传递型——"宝贝儿,蛇没有脚也能爬行,你观察得真仔细呀!你能告诉我答案吗,宝贝儿?"

 **温馨提示**

孩子敏锐的观察力真是让人叹为观止。家长要重视孩子的问题,表扬孩子的观察力,孩子必定会更快乐地探索世界!

十六
孩子对无意犯错的提问

1 "什么是偷东西?"

情景再现 兔兔已经快6岁了,在家是个小皇帝,要什么家人就会给什么。只要不是很贵重的东西,只要他开口都给他。从最近开始,兔兔有小偷小摸的习惯,起初偷奶奶的钱,因为奶奶最疼他。后来开始偷爸爸妈妈的钱,兔兔爸爸很少管孩子,一听说孩子偷东西就吓唬说要打,其实也是嘴上说说而已。

今天,兔兔家来客人了,客人将随身的背包放在客厅沙发上,就去厨房给兔兔妈妈帮忙了,兔兔趁机将客人钱包里的1000多元钱全拿走了。客人到客厅拿手机打电话,发现钱不见了。兔兔妈知道是兔兔干的,很生气,严厉地对兔兔说不要偷别人的东西,兔兔理直气壮地说:"我只是拿了钱,有什么大不了的?"

常见的回答 "我警告你,再拿别人的东西,我就没收你所有的玩具!"
"没经过同意就拿别人的东西,这样做可不对,我不喜欢你了"。

专家分析

当父母不经意间发现孩子偷东西时,必定会担心。其实,3~6岁的孩子,对"偷"是没有概念的。看到喜欢的东西,就想得到,这是孩子的一种本能。所以,父母在尊重孩子的喜好的同时,要让孩子理解自己并不是社会的唯一中心。一方面不能溺爱孩子，给他所有他想要的东西；另一方面，要帮助他看到真实的世界，获取自己喜欢的东西的前提是，必须尊重他人的物品。

聪明的家长会在游戏中，让孩子扮演被别人拿走自己喜爱玩具的角色，切身体会自己的东西，不经过自己同意，被别人拿走的感觉。

碰到以上这种情况，我们建议父母发现孩子偷东西后，应立即采取以下措施：

一是告诉孩子偷窃是不对的。

二是协助孩子归还物品或赔钱。

三是不让孩子因为这个行为而另有所获，如父母刻意去买他偷的东西（许多父母以为买给他以后，孩子就不会去偷了）。

四是不要给孩子定性，避免过度说教，也不要让孩子觉得从此他在你心中永远是小偷。

五是让孩子知道，偷东西的行为是永远不被准许的。

当孩子已经为他的所作所为付出代价后，就不要再提起这件事了，给他一些自尊，以及重新开始的机会。

消极的回答 "不许偷东西，再偷我揍死你！"
"这么小就学会偷东西，妈妈不爱你了！"
"马上把东西还给客人，我答应给你买玩具，好不好？"

合理的回答 "妈妈很爱你，但是拿别人的东西是不对的。你应该马上归还，并且向客人道歉。不经过别人同意拿走东西的行为是坚决不允许的。"

举一反三

引导思考型——"如果你最心爱的玩具被别人偷偷拿走，你会怎么样呢？你是否希望别人先征求你的意见？"

温情提醒型——"孩子，你知道我喜欢你什么吗？我喜欢你尊重别人，即使你特别喜欢的东西，也要经过别人同意。"

温情传递型——"我很爱你，但是未经同意拿别人的东西是坚决不允许的！"

父母妙答：好孩子的怪问题

 **温馨提示**

对于孩子，他们还没有行为判断力。帮助他们去思考，去建立辨别能力。

2 "为什么不能打架？"

情景再现 小欧家隔壁是个来自北欧国家的家庭，两家的宝宝差不多大，所以总是在一起玩。小欧好动，总动手打人。小欧爸爸看见了，忙去劝架，北欧爸爸却无动于衷，还一个劲儿地劝小欧爸爸："It's Ok. It's their business. Don't worry."（没事儿，这是他们小孩之间的事情，别担心。）

时间一长，小欧爸爸也习惯了，孩子们的事情让他们自己解决好了。嘿，结果是，现在小欧即使面对欺负他的大孩子，也不卑不亢，从不依靠"告状"或"打小报告"解决问题，直接武力解决。似乎，小欧渐渐喜欢这种游戏方式：打架！小欧爸爸终于按捺不住自己的担心，替儿子教训起孩子来：不许你再打架！

晚上，小欧问爸爸：爷爷不让我和小弟弟们玩，说我和他们打架太闹了，还说警察会把我抓起来，为什么不能打架呢？

常见的回答 "我说不能就是不能！"
"不许你欺负别的小孩。"

专家分析

对于打架，在小孩的眼中，就是一种游戏，一种沟通。只要不是原则性的问题，只要宝宝们没有碰到危险或者制造危险，你完全可以放手让宝宝自己解决问题。不过要在他身边，随时给他一些提醒、建议，或者准备给他一个微笑或拥抱。

消极的回答 "打架是犯法的，警察会把你关起来！"

·216·

十六　孩子对无意犯错的提问

"打架会打伤别人的,到时候看我怎么收拾你!"

合理的回答　"孩子,爸爸小时候也想问这个问题呢。我只想告诉你:你要关心其他小朋友,遇到问题时,要学会用打架以外的方式去解决。比如,你可以说清楚。"

举一反三

引导思考型——"孩子,遇到问题,除了打架之外,还有什么好办法呢?"

宽容授权型——"你和小伙伴们玩,遇到事情,自己去处理吧!我相信你。"

培养爱心型——"或许你会弄疼别的小朋友,想想他们哭着流泪的样子,当然你胳膊青了我也很难过!"

温馨提示

打架,是孩子们遇到问题时处理问题的方式之一。遇到孩子的打闹,我们所能做的就是宽容的观察,让他们自己去寻找最好的解决问题的办法,即使走一些弯路也不怕。观察、提醒,是我们所能做的最好的事情。

3 "为什么不能抢玩具?"

情景再现　在翻斗乐里面有好多的孩子在玩,程程看上一辆小车子正在向它跑过去,没想到动作慢,旁边一个小姐姐看到了立马跑过去抢先坐上去。她的妈妈接着就对女儿说你这样不对,你不能看着妹妹过来想要玩了你跑来坐上呀。那位姐姐肯定不愿意下来,程程妈妈只好说没关系,姐姐玩好了我们再玩。程程倒是无所谓的样子,又跑去玩别的了。

那位妈妈很重视这件事情,依然在跟姐姐说着什么。那位姐姐突然大叫:为什么不能抢玩具呢?你不是带我来玩的吗,我喜欢就行了。看来那位妈妈遇到了很多父母遇到的问题了。

常见的回答　"要有礼貌,看小妹妹还比你小呢!"

父母妙答：好孩子的怪问题

专家分析

在这个问题上，回答上应该把准，难的有两点：

一是真心地感觉对不住小妹妹，从家长做起。有的家长是口是心非，嘴里会说自己的小孩，心里甭提多高兴了，觉得自己孩子能抢。应该是家长首先心态放正，用实际行动去教育孩子，给孩子做榜样。

二是重视小事情，家长一方面嘴里要说服孩子，实际行动上要和孩子一起把歉意表达出来。比如我们建议：那位妈妈就带着姐姐和车子一起来找程程，把车子让给程程玩。说服教育自己的孩子后带着孩子来认错。

因此这里的难点不在于孩子，在于家长。希望我们的家长们能够耐心、真诚去表达。

消极的回答 "行了，现在你玩上了，别再烦我了。"
"抢玩具是坏孩子！"

合理的回答 "大家都想玩，我们就要排队，按照先后顺序。一会儿我们就向小妹妹道歉去，把车子给她玩，好吧。"

举一反三

引导思考型——"如果是你，别人抢在前面了，你会不会难受呢？"

实际行动型——"我们把车子还给妹妹玩，向她道歉。"

助人为乐型——"我爱你宝贝儿，你看小妹妹多可爱，我们和她做个好朋友好不好？"

温馨提示

家长的行动，往往比语言影响更大。

十六 孩子对无意犯错的提问

4 "为什么不可以说脏话？"

情景再现 甜甜刚上幼儿园，到学校需要坐公交车。车上人多嘴杂，难免会有很多成年人满嘴脏话。从小心细的甜甜总爱观察别人，在不经意的时候会把听到的说出来，用到自己的语言里去。

几个月下来，妈妈发现甜甜有点不对劲了。

在家里，有人挡住路了，甜甜开始说：你给我走开！

对人不满意时，就大叫："你是大坏蛋！"

甚至连"狗屎"这样的脏话都出来了。这可把妈妈急坏了。连忙一本正经地教育甜甜。

甜甜不明白了，为什么别人可以说脏话，我不可以说呢？

常见的回答 "总之，再说我就打你的屁股！"

"我禁止你再说脏话，否则，不给你看动画片！"

专家分析

模仿是孩子认知这个世界的必经之路，即使模仿不好的东西，不是吗？家长们无法让孩子在真空的环境下成长，事实上真空的环境对孩子的成长并不一定有利。当你的孩子不经意间学会了一些脏话，学会了这个世界上不好的东西，你一定不要着急。你要知道，这只是孩子在认识这个世界。孩子纯洁的眼睛还无法辨认这个世界上的好坏和真伪。或许这也是个不错的机会，让孩子了解有礼貌也有粗鲁，有友善也有邪恶。

当听到孩子说脏话时，大多数家长会变得紧张，批评、教育、诱导，使用各种手段，这反而会引起孩子的兴趣，觉得说脏话更有意思，结果会适得其反。

消极的回答 "闭嘴，不准再说脏话。"

"你要再说脏话，就没人理你了。"

父母妙答：好孩子的怪问题

合理的回答 （忘记孩子说的脏话）"孩子，我喜欢你说'请'或者'谢谢'，你说这些字的时候，真有意思呢！"

举一反三

引导思考型——"不同的话语会有不同的效果，我们可以做个小游戏。"（和孩子玩一个说脏话和礼貌用语导致不同效果的游戏。）

合理转移型——"你喜欢白雪公主吗，你喜欢她说话的方式吗？"

柔情传递型——"宝贝儿，妈妈喜欢你使用文明的语言。比如'请'、'谢谢'等。"

温馨提示

孩子刚开始模仿说脏话时，家长的态度和方式会影响到孩子的成长。

5 "什么是撒谎？"

情景再现 不知道从何时开始，天天的妈妈开始注意到天天有了变化，他懂得了做错事情需要付出代价。比如，把东西扔在地上，就需要自己清扫干净。但是聪明的天天也发现一个方法可以避免受罚。比如，把玩具弄乱后，听到妈妈说要赶紧收拾一下，就立即说不是我干的。他希望可以通过这种方式蒙混过关，因为收拾玩具实在太费时间了，而且这时候他还想马上去看动画片呢。

"不是我干的！"听到孩子冒出这句话，可难住了天天妈妈，是立即揭穿孩子的谎言，还是先让他看动画片，过一段时间再说呢。天天妈犹豫了。

 "你刚才在我面前撒谎，真是个坏孩子！赶紧收拾好。"

专家分析

撒谎是最让父母生气的原因之一。有的孩子撒谎是偶尔的，而有的孩子撒

十六　孩子对无意犯错的提问

谎则成了习惯，令很多父母大伤脑筋。从表面看，孩子不知道撒谎的后果有多么严重，所以才随便说谎。其实，这种看法是不了解孩子的心理特点。心理学家研究发现，6 岁以下的孩子撒谎的原因主要是以下两个方面：

一是想象与现实混淆。年龄较小的儿童，易把想象与现实相混，常把自己想象中的事情当成事实说出来，其实这并不是真正意义上的撒谎。在这种情况下，孩子并不知道自己在"撒谎"，没有明确的撒谎目的，也不会觉得不安或羞愧。

二是由于模仿而撒谎。年龄小的孩子非常喜欢模仿周围人的行为，如果父母或其他成人、小朋友在孩子面前出现撒谎行为，孩子就极有可能因为好奇而进行模仿。

消极的回答　"我告诉你幼儿园的老师去。这么小就学会撒谎了啊！"
"好吧。不是你干的。那就去看动画片去吧"！
"今天不收拾好，休想去看动画片。"

合理的回答　"孩子，你现在特别想去看动画片是吧，那就去吧。但是一定要记得收拾好你自己的玩具，别让它们在外面着凉了。对了，宝贝儿，我喜欢诚实的孩子。"

举一反三

引导思考型——"宝贝儿，妈妈喜欢实话实说的孩子。即使以前没有说真话，现在改过来，妈妈还是爱宝宝的！"

快乐沟通型——"宝贝儿，你可以先去看电视，看完电视再来收拾。宝贝儿，记住，妈妈喜欢实话实说的孩子。"

温情传递型——"宝贝儿，你的玩具们想回家了，你看完电视后要来帮助它们哟！宝贝儿，爸爸妈妈都喜欢说真话的孩子！"

温馨提示

给孩子一个空间，让孩子去感受，家长要做到既不放纵也不步步紧逼让孩子感到压力。

6 "为什么不能在马路上玩球?"

情景再现 多多爸爸一直鼓励儿子多运动,特别注意培养多多对运动的兴趣。因为多多体质弱,经常生病。功夫不负有心人,多多终于对皮球产生了浓厚的兴趣。不管去哪里,都要带着皮球玩。但是没过多久,多多爸爸有了新的担心了,因为从家里到附近的公园,需要走过几条马路,多多总是忍不住自己在路边开始玩皮球,稍不留意,便玩到马路中间。

路上车水马龙,这可吓坏了多多爸爸。他决定要和儿子好好对话。告诉多多以后再也不准在路上玩球。否则就没收。

多多委屈得哭了,之前爸爸一直鼓励他玩皮球,现在态度怎么来了个大转弯。他可不明白,为什么不能在马路上玩球。

常见的回答 "马路上玩球是非常危险的事情,你一定要记住啊!"

专家分析

安全知识到了3~6岁是一个重点,这个年龄段是孩子树立交通规则意识最重要的阶段。有人说,中国是最不遵守交通规则的国家。生活当中,闯红灯、不走人行横道、逆行等行为经常发生。家长们要以身作则,如果孩子注意到家长都会非常重视安全,完全遵守交通规则,他会受到影响,碰到马路上不能踢球的问题,也会很快理解。所以,家长的身体力行和示范是最关键的。否则,严格要求孩子,而自己做不到,对孩子来讲起不到教育作用。

消极的回答 "笨蛋,你不怕死吗?"

"问什么问,我告诉你怎么做,你就怎么做就行了。"

合理的回答 "交通规则是我们每个人都应该遵守的。而且在马路上玩会有生命危险。"

十六　孩子对无意犯错的提问

举一反三

模拟游戏型——"我们可以来做个游戏，用一个娃娃和玩具车来示范，我们来看看会有什么结果。"

榜样激励型——"你是我眼中最棒的，不在马路上玩这是每个人应该遵守的交通规则，我们做好榜样，让其他小伙伴们学习，不让他们有危险！"

引导思考型——"宝贝儿，你想想看，球掉了，你会不会去捡呢？这时来了汽车，你跑不回来会怎么样呢？还要不要在马路中间玩球了？"

温馨提示

学龄前后的儿童独立能力较强，虽然他们掌握了一些安全常识，但是因年龄还小，对危险估计不足，家长仍然要负起教育、引导与保护他们的责任。

7 "为什么不能按邻居家的门铃玩？"

情景再现　姗姗家住在三单元，同一层楼有五户人家，邻里和睦，关系融洽。最近却出现了不和谐的音符。姗姗和一群孩子发现了一个好玩的游戏。那就是由一个个子高的孩子按邻居家的门铃，然后躲在远处楼梯口偷看，看到邻居开门后，没发现按门铃的人表现出愤怒的样子，孩子们兴奋极了。他们似乎爱上了这种无厘头的游戏。

纸包不住火。姗姗妈妈终于听到这个消息。被妈妈劈头盖脸训过一顿后，姗姗倔强地说："为什么不能玩啊，其他小孩为什么可以玩呢？"

常见的回答　"以后再发现你按邻居家的门铃，你就别回家来。"

专家分析

孩子们不会意识到，自己的淘气，不经意间侵犯了邻居的私人禁地。如果我们家长会尊重邻居的私人空间，我们就应该让孩子意识到这一点，并让孩子给邻居道歉。打骂或许不能让孩子马上改过，但是家长可以以身作则，亲自向邻居道歉，请求原谅。而让孩子意识到自己的错误，需要动动脑筋。比如做一些游戏，把这个情景融入进去。

消极的回答 "你现在加入坏孩子行列啦。不许你再和他们玩了。"
"别人可以玩，你不可以。"

合理的回答 "我可不喜欢有人总在按我们家的门铃玩。邻居也是一样，他们不喜欢这样的游戏。按邻居的门铃玩是不礼貌的行为。"

举一反三

引导思考型——"宝贝儿，门铃是干什么用的呢？可不可以随便用来游戏呢？"

快乐沟通型——"宝贝儿，你很喜欢听门铃的声音是不是？我们的玩具中有个小琴，声音也很好听，我们去弹好吗？"

故事教育型——"宝贝儿，故事里，蝗虫会成群结队地去偷吃农民伯伯种的菜，小蚂蚁有没有去呢？小蚂蚁为什么不去呢？不能做不好的事情对不对？"

温馨提示

淘气是孩子成长中的一部分。按邻居家的门铃，说明孩子们正在把眼光从家里移到更加宽广的世界中去。或许这是好事，只是我们要在旁边适时提醒一下。

8 "为什么不能摘花？"

情景再现 秋天到了，天气变凉快了。一个星期天的早上，六六跟妈妈到花园看美丽的菊花。一到花园，六六就被菊花的美丽吸引了，她东看看西看看，菊花的种类可真多啊，有红的，有黄的，有白的，还有紫的，一朵朵正

十六　孩子对无意犯错的提问

迎着秋风开放呢！六六心想："菊花这么多，又这么美，我就摘一朵回家，反正有那么多的菊花，摘一朵也没关系。"她刚伸出手想去摘花，妈妈看见了！摆摆手严肃地说："六六，这些花是给大家看的，如果你不摘花，就等于你在保护地球，不光你要保护地球，别人也都要保护我们的地球呀。"六六说："可是，我太喜欢它们了。"妈妈说："我们可以天天来花园玩，这样就能每天看到这些美丽的花儿了！"六六听了妈妈的话，说："好，我不摘花了。"

常见的回答　"摘花会被罚款的。"

专家分析

六六妈妈做得很好。是我们家长要学习的榜样。培养公德心，要由细微处开始，家长们不妨从日常生活入手，培养孩子的公德心。比如摘花。

小朋友通常以自我为中心，他们的道德发展未必达到懂得为他人着想。很多时候，他们都只想到如何令自己方便一点，而忽略了其他人的感受。加上小朋友比较善忘，若父母发现孩子做出没有公德心的事时，应该提醒他们这是不对的，不过切忌过分责骂。

消极的回答　"再摘我可要打你的手了！"
"你看公园里有规定，不让我们摘花。走，我们到别处去摘。"
"那只准你摘一朵啊，小心别被发现了！"

合理的回答　"你喜欢这些花对不对，还有其他小朋友也非常喜欢，我们不要摘花，这样可以让更多的小朋友看到它们的美丽！这样不是更好吗？"

举一反三

引导思考型——"宝贝儿，我们把花摘了，别人来看花，却没有花了怎么办呢？"

快乐沟通型——"宝贝儿，如果你养了花，你愿意别人摘掉吗？要看花我们可以过来看，你也可以用鼻子去闻闻。不过要看看没有蜜蜂才能闻哟！"

同情型——"宝贝儿，我们摘花，花会不会疼呢？花疼了会不会哭呢？"

父母妙答：好孩子的怪问题

温馨提示

让孩子多参与社区或学校的活动，可增加他们对所处地方的归属感，减少破坏行为，建立公德心。同时，这些活动可以让孩子多接触其他人，开阔他们的视野，启发孩子多从其他人的角度考虑问题。

9 "为什么不能玩打火机？"

情景再现 哲哲最近忽然对爸爸的打火机非常感兴趣。你不许他玩，他就一个人躲在卫生间里玩。为了安全，妈妈狠狠地打了他的屁股，让他记住"火是不能玩的"。但是哲哲还是忍不住玩，他心里的那个"结"并没有打开：为什么爸爸可以玩打火机，我就不能玩呢？

常见的回答 "这是命令，绝对不许你玩打火机。"

专家分析

宝宝的成长，"顺风顺水"并非一定是好事。过度保护宝宝的方式是需要丢弃的，因为终究会有那么一天，宝宝要由他人保护变为自我保护。国外妈妈们的"放手"教育值得我们借鉴。放手并非"放任自流"，也并非对宝宝不闻不问，而是要摒弃过度的保护和关爱。

如果孩子一旦对某项东西产生兴趣，粗暴的制止，只会激发孩子更大的好奇心。

孩子喜欢上打火机，如果要确保安全，首先要确保爸爸以身作则，不要在孩子面前使用或者经常玩打火机，否则孩子会觉得不公平。其次，家长可以采用灵活的处理方式，给孩子没有汽油的打火机，让他了解打火机的构造和原理。既然他好奇，就好好地给他展示打火机。

消极的回答 "爸爸是家长，家长可以玩，你不可以玩！"

十六 孩子对无意犯错的提问

"打火机可不是你这样的小孩可以玩的,一边去!"

合理的回答 "玩打火机是危险的,你看爸爸也意识到了,他立即改正了。真是个好爸爸,你给爸爸竖一个大拇指好不好?如果你喜欢打火机呢,可以请爸爸给你介绍打火机的用途和构造。"

举一反三

给予任务型——"宝贝儿,爸爸做得不对!你以后监督爸爸,请他注意安全,不要玩打火机好不好?"

引导思考型——"宝贝儿,你觉得爸爸要怎么做呢?"

温情传递型——"宝贝儿,我们自己不要玩打火机,也帮助爸爸要他不玩好吧!"

温馨提示

有的问题,不能只从孩子身上找原因。或许原因在别处。

10 "为什么不能拨110玩?"

 峰峰已经3岁了,最近喜欢上拨电话了。不仅要给上班的爸爸妈妈打电话,还不停地用电话乱拨。今天,峰峰又在拨电话,不小心拨通了110。峰峰的奶奶一听到电话有人说话,赶快过来给110警察解释了一通。挂完电话后,奶奶对峰峰说:"峰峰,不要玩电话了,一不小心会拨到110的。"峰峰好奇地问:"奶奶,为什么不能拨110玩呀?"

常见的回答 "你要是拨110,警察叔叔会把你关起来的。"

专家分析

孩子会使用电话后,就会不小心拨打110或者故意拨打110,这种情况很多家长都会遇到。如果要解释110工作流程，以及误拨110造成的麻烦，那需要很大的精力。而且不知道孩子是否能够理解。

在这种情况下，游戏是个很好的途径。干脆和孩子来个现实模拟，假设孩子拨110玩，会产生什么后果，让孩子在游戏中看到那种后果。

消极的回答　"总之，这个号码是不能随便拨打的。"
"再拨110，看我怎么收拾你。"

合理的回答　"110是匪警电话，是遇到坏人，需要警察叔叔帮助时才能拨打的电话。如果你没有危险，拨打这个号码，会耽误别人求救的时间的。你是愿意帮助别人的好孩子，那你就和警察叔叔一起来帮助大家，制服坏人吧！"

举一反三

引导思考型——"宝贝儿，我们拨了110，警察叔叔就会赶过来，但是其他地方要警察叔叔去抓小偷，警察叔叔跑到我们这里来了，过不去怎么办？"

快乐沟通型——"宝贝儿，你觉得拨了110会怎么样呢？"

同情型——"宝贝儿，我们在拨110，别人就拨不进去了。如果其他地方有坏蛋要警察叔叔去抓，那可怎么办呢？"

☕ **温馨提示**

110电话是生活常识，不要一味封杀孩子。必要时，让孩子了解到常识，学会正确使用110电话。

11 "为什么不能打断别人说话？"

　星星妈妈正和一个朋友说话，4岁的星星走了过来："妈妈，我的鞋带松了。"妈妈并没有马上帮他，而是说："妈妈正在谈话。谈完了，我

十六 孩子对无意犯错的提问

会帮你。"过后,妈妈告诉他,打断别人的谈话是不礼貌的,但如碰到紧急情况,比如要上厕所或感觉不舒服,要马上说。不过一定要记住:打断别人的谈话时,一定要先说"对不起"。

常见的回答 "打断别人说话是极其不礼貌的行为。一定要改正。"

专家分析

留心观察就会发现很多孩子都喜欢插话。有时别人谈话时,孩子能插话数十次。这样非常不礼貌,会引起说话人的反感,使别人的思路被打断,不能很流畅地表达自己的思想。

孩子爱插话往往是为了表现自己或引起他人的注意。孩子不去注意听家长讲的事,而是想方设法地想着如何表现自己。

针对孩子这一特点,家长应该训练孩子善于倾听别人说话,要听明白别人说的是什么,等别人说完后再提问题。有些家长错误地认为孩子爱插话是机灵、聪明的表现,因而持欣赏鼓励的态度,这就助长了孩子爱出风头的做法,影响了孩子注意力的集中。家长要告诉孩子,在听别人说话时,应该注视着说话人的眼睛,不能东看西瞧。在听别人说话时,要领会他人的意思,并记住有哪些不明白的地方,等说话的人说完后再提出来。

消极的回答 "你要是打断别人说话,我就打你。"
"你太让我失望了,我都说了别打扰我。"

合理的回答 "打断别人的谈话是不礼貌的,但如碰到紧急情况,比如要上厕所或感觉不舒服,要马上说。不过一定要记住:打断别人的谈话时,一定要先说'对不起'"。

举一反三

设身处地型——"宝贝儿,要是你跟妈妈在说话,别人来打断我们,你会不会生气呢?"

快乐沟通型——"宝贝儿,除非有紧急的事情,看到别人在说话,要在旁边等待!宝贝儿今天做得很好,妈妈说一次就改正了。"

温情传递型——"宝贝儿,你觉得打断别人说话好不好呢?要怎么做呢?"

父母妙答：好孩子的怪问题

温馨提示

  当孩子学会了在讲话时的等待，家长要及时给予表扬。让孩子知道有耐心可以让他获得更多的注意和鼓舞，时间长了，孩子就会养成当个好听众的好习惯。

十七 孩子对自理的提问

1 "我为什么要穿衣服？"

情景再现 么么刚两岁半，她属于性格比较倔的那种。春节前，么么跟着爷爷奶奶回老家呆了两个月，等爸爸妈妈再见到她时，发现她身上的毛病多了很多，比如，不让洗脸，起床不让穿衣服，爱哭。经过这几个月的调教，其他问题倒不是很严重，但还是非常非常非常的不喜欢穿衣服，你看爸爸妈妈用了这么多非常，就知道问题是多么严重了。不管是早晨起床还是晚上洗澡后，她都不要穿衣服，经常是光着屁股在房间里到处窜。爸爸妈妈软硬兼施都没用，总不能让她再退回原始社会吧，主要还是怕她着凉，最后只得强制性给她穿衣服，这时候她就给你哇哇叫，还会流几滴眼泪，并委屈地说："为什么叫我穿衣服呢？"

常见的回答 "快点，衣服必须穿上，否则你会着凉的。感冒了，到医院给你扎针！"

专家分析

放轻松些！几乎所有的父母和孩子都曾经有过这种斗争。穿衣服是你的宝宝坚持她的独立性的一种很好的方式，所以不要让穿衣服成为你们之间的"战争"。催促这个年龄段的孩子没什么用，所以如果可能，还是尽量别把早上弄得急匆匆的。提前半个小时叫醒她，或者让她在头一天晚上自己选好第二天要穿的衣服，这样就减少了早上磨蹭和争执的可能性。孩子们通常都喜欢去幼儿园，所以你或许可以试试告诉孩子，如果她再不快点穿衣服，上幼儿园就要迟到了，那样就会错过早饭或自由活动的时间。

不要让宝宝看出来她的行为惹你生气，要保持冷静！然后只给她两个选择：穿圆点裤子还是条纹裙子。因为很多这个年龄段的孩子都厌恶变化，所以帮孩子表达出她不愿意换衣服或离开家的情绪也有帮助。

消极的回答 "不穿衣服就给你扎针！"
"每个人都穿着衣服呢，你也必须穿，快点！"

合理的回答 "我知道你不想脱掉睡衣，睡衣确实很舒服。这样吧，你可以在我给你穿裤子的时候拿着你的书吗？"（这样先表示对她的同情，然后找点有趣的东西转移她的注意力，就能把衣服穿好了。）

举一反三

感同身受型——"其实妈妈小时候也不喜欢穿衣服。后来——"（这时候宝宝一般会表现出兴趣，原来妈妈小时候也是这样的啊，真有意思。后来当然是妈妈发现穿衣服的乐趣。）

童话故事型——"你看裤腿上的小兔子窝着身体已经一整个晚上了，我们一起来帮他伸展身体好吗？"

温情传递型——"宝贝儿，穿好衣服就可以坐车去幼儿园啰！"

温馨提示

你可以让孩子自己来选择今天要穿什么衣服，让孩子穿自己喜欢穿的衣服，孩子就有了自己穿衣服的兴趣。不要因为孩子不会穿衣服或者孩子穿得不好，每次都需要你帮孩子重新穿一次，这样就剥夺了孩子穿衣服的权利。孩子还小，穿得不好或不正确都不要紧，重要的是培养孩子自己穿衣服的兴趣，让其学习穿衣服的技巧。另外我们有些具体建议，家长们不妨试一试。

一是问问孩子是不是很喜欢不穿衣服走来走去，如果是的话，现在天气热了，可以适当放宽界限，满足一下孩子的愿望。给其两个选择：一个是你们按着给孩子穿衣服，还有一个是可以不穿衣服玩10分钟。这个过程不要批评孩子，让其享受这个感觉。

二是游戏——挑衣服。就是把衣服变成一个"稀有资源"，比如，一个家庭成员说很喜欢孩子的衣服，问孩子可不可以送给他穿，然后假装要往身上穿，另一个人就鼓励其赶紧抢回来。我以前用这个办法比较有效。当然，这个也有个弊端，就是孩子如果当真的话，会引起孩子些许的焦虑。所以，最好让孩子感觉到这只是一个好玩的游戏。

三是游戏——求助。如果孩子不喜欢穿，然后你假装代替孩子穿，穿的时候遇到了"困难"，比如怎么也穿不进去，然后问孩子能不能。孩子这时候一般都会显出"英雄主义"气概，给你一示范，孩子就穿进去了。

四是游戏——藏猫咪。最好是两个家庭成员配合，一个假装找孩子的小胳膊，另一个拿着衣服让孩子赶紧藏起来。然后再找孩子的腿，再拿裤子让孩子藏起来。再找脚丫丫，然后拿袜子藏起来。这样，孩子就在藏猫咪中"胜利"啦。总之，要让孩子在好玩的体验和游戏的感觉中完成这件事情，这样孩子就不抗拒了。

2 "我的鞋子穿反了吗？"

情景再现 班主任给班上的小朋友整理衣服，发现班上的周周鞋子穿反了。记得吃点心时，保育老师给他纠正过一次，玩游戏前，班主任也给他换过一次。周周好动，手快、脚快、嘴巴快，脑子反应也快，可为什么总是穿反鞋子呢？班主任拉着他的手，平心静气地问他："你的鞋子反着穿舒服吗？"谁知周周居然回答说："舒服。"这孩子一向敢作敢当，从不在班主任面前撒谎，看来，他说舒服一定有他的道理。于是，班主任说："鞋子反着穿还舒服，我就想不明白。"周周凑近班主任的耳朵神秘地说："鞋子太大了。"

班主任恍然大悟。鞋子大了一点，反着穿才便于活动。好办法！多聪明可爱的孩子。

常见的回答 "鞋子反了，你应该换过来。"
"咦，你鞋子穿错了！"

专家分析

随着身体与动作的发展，孩子1岁以后在一些与自身相关的事情上，越来越显现出"我要自己来"的欲望。不过，限于成熟度、协调能力与经验，他们一定不能做得很好，较常见的情况是错误频出。像周周这种情况还算少见，大多数孩子都是真穿反了，这时候，我们所应在意的不是做得好不好、完不完美，而是其自主性的发展。

鞋子穿错并不会产生什么严重的后果，即使孩子因此跌倒，也正好是一种"错误控制"，可以使孩子体验到：这种"鞋感"好像容易跌倒。然后，在下次孩子要穿鞋时提醒一下，先帮其把左右鞋放好，或是教孩子辨别正确脚。

除了教孩子辨别正确脚以外，还要为孩子准备有分左右脚的室内鞋、拖鞋，而不是两双都一样的鞋，这样也能让孩子多练习正确脚的穿法。只要孩子常有练习的机会，4岁左右他们大多能把鞋子穿好。至于左、右的认知概念，则可能要到五岁以后才能真正理解。

消极的回答　"真没用，鞋都不会穿！"
"你真是个笨蛋呀！"

合理的回答　"哇！你自己把鞋子穿起来了！真棒，你自己观察一下家长的和你自己的鞋，是不是穿好了？"

举一反三

给予空间型——"穿得不错。自己感觉一下。"

探究问题型——"孩子，鞋子为什么两只不一样呢？"

温情传递型——抱着孩子说："宝贝儿，你穿得真快呀！你试着走走看，看有没有不舒服的地方。"

温馨提示

孩子为什么会穿反鞋，因为这是孩子的必经过程。给予他们空间去跌倒，别太紧张。

十七 孩子对自理的提问

3 "我还不会用筷子怎么办?"

情景再现 穗穗已经三周岁了,可是还不会用筷子,而且也不肯学。

原本跃跃欲试上中班的穗穗,听妈妈讲中班都要用筷子吃饭,今早告诉妈妈不要上中班了。他对妈妈说:"上中班,我还不会用筷子,怎么办呀?"

常见的回答 "不会用筷子就学嘛!"

专家分析

学习使用筷子可以使手的动作协调。用筷子夹食物时,不仅是五个手指的活动,腕、肩及肘关节也要同时参与。从大脑各区分工情况来看,控制手和面部肌肉活动的区域要比其他肌肉运动区域大得多,肌肉活动时刺激了脑细胞,有助于大脑的发育。可见,及早进行手的活动功能训练可以促进脑发育。

但是,有些家长为了图省事,不及时训练幼儿使用筷子,一直让幼儿用汤匙直至上学,这种做法不太合理。幼儿应从2～3岁时就学习使用筷子,这样一方面可以让幼儿享受用筷子进餐的乐趣,另一方面对幼儿的智力发育也有好处。幼儿拿筷子的姿势有个逐渐改进的过程,此时家长不必强求孩子一定要按照自己用筷子的姿势,可以让幼儿自己去摸索。如果孩子不会使用筷子,也不必太着急。要帮助孩子树立信心,让其感受到使用筷子的乐趣。

随着年龄的增长,幼儿拿筷子的姿势会越来越准确,可以夹起一些小的食物,如小糖丸等。

消极的回答 "笨蛋,赶紧学会使用筷子。中班也必须去上。"
"不会就算了,你用汤匙吧。"

合理的回答 "中班的孩子也有用汤匙的,但是我觉得你一定会做得很棒的。今天晚餐我们玩一个兔子找胡萝卜的游戏吧。"(首先避免孩子产生焦虑情绪,耐心地帮助孩子学会使用,如果的确有问题,家长可以发明一些小游戏,比如用筷子寻找胡萝卜。让孩子在快乐的游戏中成长。)

举一反三

引导思考型——"宝贝儿,你为什么不上中班呢?"

学会沟通型——"宝贝儿,你说说看为什么不想上中班呢?要妈妈怎么帮助你呢?"

温情传递型——"宝贝儿,你学用汤匙学得很快的!用筷子也不会有困难,来,咱们先试试!妈妈用筷子,学了好久都不会,可是现在也会用了是不是呀!"

温馨提示

筷子的选择也有技巧。家长可以留意一下。初学用筷子的孩子以用竹筷为宜。一是四方形的筷子夹住东西后不容易滑掉,二是本色无毒。初学用筷子时,可先让孩子夹一些较大的、容易夹起的食物。

4 "我的书怎么那么乱?"

情景再现 熊熊快5周岁了,可是自理能力差,书本、玩具经常不收拾,而且对幼儿园的书本也不爱惜;经常撕书,玩具玩腻了就随便扔,就算在外面也一样扔,过一段时间找不到就哭,还会喊叫:"我的书怎么那么乱?"

常见的回答 "谁叫你自己扔,该学会收拾自己的东西了。"
(家长帮他收拾好后)"下次记住要自己收拾了啊。否则,我可不帮你。"

专家分析

熊熊5岁了还不会收拾书本和玩具,还哭闹,这应该是家长教育不到位的结果。

任何一个孩子都带有很大的可塑性。对一个未知的环境,给孩子一个什么样的塑造,孩子就会成为一个适应这个环境的人(无一人例外)。"得寸进尺"

是孩子们的拿手好戏。所以,作为这个环境的塑造者,不能给任何一个孩子错误式的"得寸进尺"的机会。要让他们按着家长定的方圆进行塑造,这样才能有利于孩子身心健康发展。

熊熊无疑学会了得寸进尺。因为他已经摸透了家长的心思、习惯,所以他才会有针对性地对待成人的不同做法,可见孩子的可塑性很强。对他们正确施教是最好的时机;否则这种错误的习惯已经养成,就难以纠正了。

消极的回答 "再不收拾我就揍你。"
"好吧,我帮你收拾。真烦人。"
"你要是收拾好,我就给你糖果吃。"

合理的回答 "孩子,收拾东西是你自己的事情。别让你最亲爱的娃娃熊在外面冻着了,过一段时间我会再提醒你的。"

举一反三

坚定改过型——"你需要自己收拾,孩子!"(让孩子体会失去一两个玩具的伤心,家长坚持不代劳,容得下房间暂时凌乱,适时提醒孩子。)

温情传递型——"孩子,我爱你!但是不收拾玩具是不对的。你需要自己收拾好。加油。"

合理分工型——抱着孩子说:"宝贝儿,你需要帮助吗?需要妈妈做什么呢?好,我们一起动手,开始啰!"(完成后要孩子表示感谢。)

温馨提示

大多数家长在这个问题上表现出急躁,没有耐心。告诉孩子自己的事情自己干,帮助孩子让孩子物品归位(只是帮助,要孩子自己去做),即使房间一两天凌乱也没有关系,可偶尔提醒孩子一下。如果孩子实在粗心,可以让其切身体会一下失去心爱玩具的情绪。不要担心,这是孩子成长所需要的。

父母妙答：好孩子的怪问题

5 "玩具车的轮子坏了怎么办？"

情景再现 津津妈妈网购了一辆玩具车，津津一看就眼睛发亮，拿过来就玩，再问他话时没个两三遍不回答，那个专心啊。第二天早上一定要把玩具车带到学校去，再三叮嘱他要当心，晚上回到家拿出来一看，正如所担心的那样，玩具的轮子坏了。

津津委屈地说："不是我弄的，是小朋友弄的，玩具车的轮子坏了怎么办呢？"

常见的回答 "叫你别带到学校去，你就是不听。活该！"

专家分析

从孩子学会独立行走的那天起，做父母的就要有意识地鼓励孩子去做自己能做的事。尤其是孩子到了三四岁，很喜欢模仿父母做这做那：在父母洗衣服时，孩子往往也会拿块布片放在水里搓；当父母摘豆角时，孩子常常会蹲在旁边一起弄弄剥剥……

津津愿意把玩具带到学校去，这本是一件非常好的事情。这至少说明他愿意把自己的玩具给大家分享。这种意识是现在很多独生子女缺乏的。所以应该多给他一些鼓励，即使玩具有所损害，这个代价相比他的成长算不了什么。

消极的回答 "没事，我再给你买一个，以后你别带到学校去了啊。"
"谁弄的，你就打他。"

合理的回答 "孩子，我能理解你的心情，心爱的玩具坏了，让爸爸和你一起来修理好不好。明天你又可以带到学校和其他小朋友一起玩了。你做得真棒！"

举一反三

引导思考型——"轮子为什么会坏了，我们来看看里面的构造。"（玩具坏

十七 孩子对自理的提问

了,别大惊小怪。坏了也可以照样玩,但是家长可以借这个机会帮助孩子了解玩具的构造。)

快乐承诺型——"宝贝儿,玩具坏了,你看要怎么办呢?"

温情传递型——抱着孩子说:"宝贝儿,你不想让玩具坏是不是,那我们要怎么做呢?"

 温馨提示

玩具为什么会坏?家长们别比孩子还着急。帮助孩子学会坦然面对,是正确的事情依然要坚持,比如孩子愿意与其他小朋友分享玩具,别惦记这个玩具花了多少钱。

6 "为什么自己的事情要自己做?"

情景再现 为什么自己的事情要自己做?很多家长有意识地培养孩子独立个性,总会遇到这个问题。我们看看雪雪是怎么做的。

一天,雪雪班里要求每个小朋友做一件手工作品,雪雪一回到家就翻箱倒柜地找手工制作的材料和工具,好不容易找齐了,发现自己根本就不可能在短时间内来完成。这个时候她央求妈妈帮忙。妈妈看着心疼,就伸手要帮她来做。爸爸说:"自己的事情要自己做才会印象深刻,自己的事情要自己来做才行。"

常见的回答 "你看其他小朋友都自己做啊,爸爸妈妈也是自己的事情自己完成呢。"

专家分析

雪雪和爸爸妈妈做得很棒。爸爸的话非常对:自己的事情要自己做才会印象深刻。可见雪雪家长一直坚持这个做法,雪雪才有完成自己所承担任务的意志和能力。

自己的事情为什么要自己做？大多数家长都希望孩子能够尽早学会独立，而不是依赖父母。孩子或许不能理解什么叫独立，但是家长必须让孩子明白自己的事情自己做，自己负责。这种意识应该深深种到孩子的内心。当然方法有很多，生活中每个细节都可以成为家长告诉孩子这个道理的机会。

消极的回答 "你要是不自己做，妈妈就不爱你了。"
"本来就是这样，问什么问！"

合理的回答 "每个人的事情都应尽量自己去做，就像爸爸妈妈一样。"

举一反三

成果鼓励型——"宝贝儿，你以前都做得很棒，继续坚持！"
快乐沟通型——"宝贝儿，你先按照自己的速度做，等会儿看，实在来不及就请求支援，怎么样？"
温情传递型——"宝贝儿，你自己做，妈妈在旁边陪你！"

温馨提示

其实孩子的第一任老师就是家长，家长的言行举止可以影响到自己的孩子，塑造一个宽容快乐和科学的家庭环境，对于你们的孩子来说是一件非常重要的事情。

7 "妈妈，你喂我吃饭好吗？"

情景再现 3岁的小Tommy活泼可爱，讨人喜欢。爷爷奶奶视若至宝，百般疼爱。因为爸爸妈妈工作关系，爷爷奶奶一直带他到两岁半。可能是爷爷奶奶太爱小孙子的缘故，Tommy现在基本上是饭来张口，衣来伸手。这可把妈妈急坏了。她决定从吃饭做起，教会Tommy学会自己的事情自己做。

可是Tommy本来饭量就不大，如果要他自己吃，他吃得就更少了。每天

十七 孩子对自理的提问

晚餐他都闹着说：妈妈，你喂我吃饭好吗？本来很坚决的妈妈，现在有点左右为难，既担心孩子吃饭少，又希望孩子早点学会自己吃饭。怎么办呢？

常见的回答 "好吧，但是你必须快点吃哦。"

专家分析

孩子吃饭问题，大约是每一位家长都会遇到的头疼问题。担心孩子偏食、少食，又担心孩子养成依赖性，真是左右为难。

特别是很多三代同堂的家庭，老人和家长一起关注着孩子，这种问题无形中变得更棘手了。

因此，首先要花点时间解决内部问题——家长和老人之间的观点要统一。大家统一认识，坚定地让孩子学会自己吃饭。即使饿上几顿也不妥协。当然要注意方法，使吃饭变得有趣，甚至可以将吃饭的环节融入一些竞赛和游戏内容。总之，可以根据孩子的好奇心、要强心去定制。

消极的回答 "自己吃吧，吃好了我带你去公园玩。"
"不自己吃就不准你玩玩具。"

合理的回答 （给食物命名，比如"兔子米饭"以增加孩子的兴趣）
"宝宝，你这碗米饭很特别哦，叫兔子米饭，快把它放到温暖的肚子里去吧。"

举一反三

快乐游戏型——"这个菜叫'花菜岛'，那个菜叫'黄金海岸'，你的米饭叫'珍珠海滩'，让我们开始这趟愉快的旅行吧。"

趣味竞赛型——"你看爸爸已经吃了半碗了，让我们超过爸爸吧。"

激将型——"宝贝儿，我看你吃不完这些饭，不知道爸爸怎么看。"（当然爸爸要说宝宝一定能吃完，爸爸的语气一定要压过妈妈！）

温馨提示

这是个普遍的难题。坚持让孩子自己吃，温情脉脉，但是一定要坚定；同时学会很多聪明的方法，就像家长解决工作中遇到的问题一样，多花点心思。

8 "我累了,妈妈抱我好吗?"

情景再现 点点现在2岁了,是个非常懂事乖巧的女孩。但是有一个毛病真的很让妈妈头疼——总要人抱(尤其要妈妈抱),总是玩着玩着就要妈妈抱。在托儿所也是一样,老要老师抱她。老师如果要抱其他的小朋友,她就会把那个小朋友推开,让老师抱自己。

点点总是刚走了几步就说:"妈妈,我累了,抱我好吗?"妈妈知道她不累,但是妈妈真的不知道该怎么办。

常见的回答 "你长的腿是干吗的,自己走。"

专家分析

孩子需要拥抱一般来讲有两种情况:

一种是真的需要家长的拥抱。比如孩子生病了,身体不适。这种情况家长一般都会发现,应很体贴地满足孩子的要求。但是有一个情况家长往往会忽视。科学研究表明,孩子老要人抱,与婴儿时期缺少与家长的肌肤接触有关。应经常拥抱孩子,和孩子一起玩触觉游戏,给孩子做按摩。另外,2岁的孩子独自玩一段时间后,需要回到妈妈怀里得到安慰,需要享受像婴儿一样的"待遇"都是正常的。

另一种情况是孩子的确是形成对家长的依赖,不愿意自己多走路,一到家里就到处跑,停不下来。很多家长碰到孩子哭闹,就会很痛快地满足孩子的要求,聪明的宝宝们都会注意到这些细节,就会经常使用这个招数,逼父母和老人们就范。

消极的回答 "好吧,我来抱。"

"自己走,到了目的地我就给你糖吃。"

合理的回答 细心地观察孩子的状态,如果孩子活蹦乱跳,精神很好,就说:"孩子,爸爸妈妈也很累,你需要自己走,我们来边走边玩数数的游戏怎么样?"

举一反三

合理承诺型——"你自己走吧,我相信你会做得很好的,到了目的地,妈妈答应你给你讲一本故事书的故事"

引导思考型——"宝贝儿,你看前面有一个路口,我们看谁先到那里好不好?"(当然,家长要让孩子跑第一。)

择优选择型——"宝贝儿,妈妈好累啊!是要妈妈抱你走,还是你自己走呢?"

 温馨提示

科学家说,孩子每天至少需要拥抱8次,轻轻地告诉他:爸爸妈妈爱你。这会让孩子觉得温暖,觉得有安全感,其身心会健康成长。除了做到这些,爸爸妈妈有机会还是让孩子多走路、多运动。

十八 孩子对医院的提问

1 "我为什么要打针？"

情景再现 颗颗去社区医疗站注射疫苗。一到医院他就哭，哭得整幢医院惊天动地，医院里本来安安静静等着打针的小弟弟小妹妹全被他引哭了。他一边哭还一边嚷："我没有不乖，为什么要打针？我不要打啦，我不要打啦！"外婆告诉颗颗，那些小弟弟小妹妹也要打，要向小弟弟小妹妹们学习，不许哭，他一边哭一边说："那些小弟弟小妹妹也没有不乖呀，为什么要打针？"

想到自己以前随口就说：你要是不乖，就给你打针。外婆也不知道如何劝颗颗。

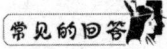"宝宝真乖，一会就好了，打完针给你买气球。"

专家分析

孩子对医院的恐惧一方面来自于打针引起的疼痛，或者苦苦的药片；另一方面来自于家长不负责任的吓唬，以及比孩子还紧张的紧张。相对来说，后者的影响更大一些，也就是家长的教育不当以及不负责任。

有的家长经常用不听话就给你打针的话来吓唬孩子，从而强化了孩子对去医院以及打针吃药的恐惧。

另外，有的家长一看到孩子哭闹就紧张得要命，看到针尖扎到孩子的小胳

十八 孩子对医院的提问

膊上,心疼极了。于是就急忙买很多玩具塞过来。医生告诉我们,打针是有点疼,但是都是极其轻微的,孩子哭闹是心里害怕,其实家长不必过分紧张,适当让孩子哭一会儿,让其自己平息。不要因为孩子哭闹就急着安慰,手忙脚乱地买东西,这样制造的紧张气氛,让旁人看到都觉得害怕。

消极的回答　"再哭我就揍你。"
"哦,不哭,医生真坏,骂他!"

合理的回答　"打针就像蚊子咬一下,有点疼,但是你看它把我们身体里的坏蛋打败了,病就会很快好起来。"

举一反三

引导思考型——"打预防针和输液是不一样的,你发现了吗?"
探究知识型——"打针可以帮我们快点好起来,你知道为什么吗?"
吸引注意型——"宝贝儿,你知道故事里那个生病的小熊吧!它是不是一下子就打好针了呢!我们来看叔叔的电脑,哦,上面还有很多表格呢!"

温馨提示

在打针这件事情上,家长别紧张是关键。学会冷静地表达对孩子的爱,把家长的担心和心痛藏到心里面,冷静地帮助孩子认识和治疗。

2 "药那么苦,我可以不吃吗?"

情景再现　越越现在已经2岁了,开始有了自己的主见。味觉也比较敏感了,吃到不对味的东西,她就拒绝。孩子难免有生病吃药的时候,每次为了喝药,爸爸妈妈的嘴巴都说干了,轮番上阵都不行。哄也哄过,吼也吼过,都不管用。越越总是说:药那么苦,我不喝行吗?最后只好硬拿来灌。妈妈也知道灌药是很危险的,不这样又没有别的办法。

父母妙答：好孩子的怪问题

常见的回答 "药就是苦的，吃了药病才能好啊，来，吃药吧！"

专家分析

宝宝的味觉发育逐渐完善后，对苦、涩或有异味的药物会比较敏感，宝宝吃过一匙苦药之后是不肯再吃的。为了避免因药物味道而影响服药，家长们最好在药品选择上早做准备，选用味道好的儿科用药，如甜的糖浆、有水果味的咀嚼片或含片等，让宝宝能顺利吃药，达到治疗的目的。

但是遇到吃药的问题，不是只靠劝说可以解决的，需要全家共同努力。在孩子接触到药物的时候，要避免拖拖拉拉。

首先要给孩子统一的感觉：药是一定要吃的，现在不吃，过一会儿也必须吃。家长一定要语气一致，特别是有老人的家庭，更需要协调好。这一点做好了，问题就解决了一半。

其次，遇到药物比较苦的情况，一定要讲究一些方法，做好准备工作。孩子有时候是狡猾的，会在吃药的过程中观察，碰到有心软的家长他能立即抓住机会拒绝吃药。所以家长要沟通好，学会配合。不给孩子可乘之机才行。这样孩子才能较快地将药吃掉，病才能很快好起来。

越越不吃药的情景，应该说是已形成了习惯了。这样，就很难扳回来。

消极的回答 "不吃药，就不准看动画片。"
"再不吃，我就揍你。"
"吃吧，快点吃完我给你买玩具。"

合理的回答 "宝贝儿，药很难吃是吧，所以我们才要赶紧喝掉它，让我们的病赶紧好起来。"

举一反三

引导思考型——"宝贝儿，你想不想病赶快好起来不要去输液呢？那就喝掉这个。我们看看有什么好办法喝它好不好？"

快乐承诺型——"宝贝儿，吃过药就可以玩你喜欢的大汽车啦！快点哟！哎呀，爷爷像是要走的样子！"

温情传递型——抱着孩子说："宝贝儿，你在想什么呢？跟妈妈说说看！"

温馨提示

在这个问题上,家长之间的统一和配合至关重要。

3 "为什么看病要挂号?"

情景再现 当当生病了。爸爸妈妈带当当去医院看病。医院里看病的人特别多,爸爸先去排队挂号。当当和妈妈就在人少的地方等待。看到这么长的挂号队伍,爸爸排在最后面,随着队伍慢慢往前移动。

心急的当当就问了妈妈一连串的问题:我们不是来看病的吗?爸爸为什么去挂号呢?我们干吗在这里等啊?

常见的回答 "看病就必须先挂号,否则医生不给看病。"

专家分析

在医院里,只有挂号费是作为医生的劳务费。挂号费是医生接诊病人、对病人的诊断、检查过程所付出的劳动报酬。现在不光有普通挂号费,而且还有专科门诊挂号费、专家门诊挂号费之分。专家门诊又分为享受国家津贴的专家与享受地方津贴的专家挂号费,这些费用都是不同的,这也是为了尽量做到优质优价,按劳付酬。现在的挂号,还有排号的作用。

对于孩子,他理解不了这么多情况,但是家长不妨耐心地告诉孩子实际情况,同时可以让孩子通过排队理解社会秩序,看病的前后过程,建立秩序的概念。通过生活中的例子,比说教式的教育更加有效。

消极的回答 "看病就要挂号,问什么问?"

"我也不知道啊,管他呢。反正规定了要挂号就挂号呗。"

合理的回答 "因为有很多人看病,所以我们需要排队,就像我们去看电影需要先买票一样,看病的流程就是先挂号。"

举一反三

引导思考型——"为什么要挂号,你觉得呢?你还记得我们去看电影吗?"(引导孩子思考,与熟悉的东西联系起来。)

快乐沟通型——"宝贝儿,如果不挂号,医生会给我们看病吗?"

温情传递型——抱着孩子说:"宝贝儿,挂号既是交诊疗费,又是排队的意思!一会儿我们看看我们排多少号了。"

温馨提示

在一定程度上,孩子是通过父母的教育来认识这个世界的。父母的一言一行比任何教育都影响更大。明智的父母应当愿意做孩子成长的桥梁。

4 "医生脖子上挂的是什么?"

包包感冒了。一大早被爸爸妈妈带到医院。包包的体质还不错,这是他第一次去医院。去一个陌生的地方,在路上,包包有点紧张,咬着嘴唇不说话。忙碌的爸爸妈妈并没有注意到孩子情绪的变化。他们还在商议选择医院的事情。

很快到了医院。包包开始往后退。当他发现这个地方人特别多,胆怯少了很多。在他心里,只有好玩的地方人才会多,这里应该是挺好玩的吧。

但是穿白色衣服的医生和长长的队伍,以及很多焦虑的家长,让包包感到事情不妙,这并不是一个好玩的地方,空气味道也不好。特别是当他看到医生脖子上挂的一个东西时,更加不安了,那个东西下面有个亮晶晶的小镜子,医生还把它放到耳朵里,镜子贴在包包的背上,太冰凉了。包包紧张极了,但是压制着自己的情绪。

直到从医生处出来,包包突然大哭起来。听包包说了半天,细心的妈妈才发现是医生的听诊器吓着包包了。妈妈后悔之前粗心大意,没有和他解释听诊器了。

十八 孩子对医院的提问

常见的回答 "乖，不怕，那是听诊器，是帮我们看病的。"

专家分析

孩子对听诊器一般倒不会太害怕，只要稍微解释一下即可。

但是家长们应该借题发挥一下：听诊器的构造，为什么要听背部和胸前，为什么可以听出病来等等一系列问题。家长要学会引导孩子去认识生病和医疗器械。

认识生病可以帮助孩子配合治疗，认识器械则可以帮助孩子建立方位感、秩序感。了解器械的构造，在西方国家教育里做得相对较好，西方国家父母会耐心地告诉孩子器械的真实情况，而不是灌输道理。

消极的回答 "这是听诊器，给我好好记住了！"
"反正是看病的，你管它呢。"

合理的回答  "这是听诊器，医生通过这个东西帮助我们了解身体。你看它是不是很有用呢？而且那块明晃晃的小金属片还很漂亮呢。"

举一反三

引导思考型——"宝贝儿，这是听诊器，想想看，医生为什么要听我们的背呢？"

实验模拟型——"你知道听诊器是做什么的吗？我们回家做一个好玩的游戏吧。"

发挥想象型——"宝贝儿，你认为那是什么？是干什么用的呢？"

温馨提示

提倡家长们多告诉孩子事情的真相，或者引导孩子自己去探索和掌握了解知识的方法。这比直接告诉答案更有价值。

5 "医生为什么要穿白大褂戴口罩?"

情景再现 到医院的第一个感觉就是看到医生都穿着白大褂,戴着口罩。这就是医院给我们的第一印象。家长们已经习以为常了。好奇的嘟嘟可不太习惯。他喜欢鲜艳的衣服,但是他一直不明白为什么医生一定要穿白大褂,还要戴着厚厚的口罩。

常见的回答 "医院就是这么规定的。"

专家分析

医生的白大褂是国际行业规范,体现圣洁卫生。医务人员最需要一个洁净的环境,任何污染都应被及时发现,而有色衣服会产生视觉干扰,影响人眼对污染物,特别是附着在身上的污染物的发现。所以医务人员穿白大褂,是为了时刻监督行医环境的整洁。

但是孩子关注什么?他们为什么会提出这样的问题?我们应该向孩子们解释这些专有名词。或许有时候语言是苍白无力的,我们可以和孩子们一起做试验,拿一块白布,在上面撒上一些泥土,聪明的家长应该有更好的游戏,让孩子自己在实验中体会。

消极的回答 "这是规定,再问我就不理你了。"
"你怎么什么都要管,这样哪里有精力去学知识呀!"

合理的回答 "是啊,穿白色大褂,戴口罩。为什么呢?是为了更好看吗?"(不一定要直接回答问题,给孩子一个思考的空间。)

举一反三

引导思考型——"宝贝儿,穿白大褂是不是看起来比较干净、卫生呢?是不是有脏东西就能看得很清楚呢?"

快乐沟通型——"宝贝儿,你为什么问到这个问题呢?"
温情传递型——抱着孩子说:"宝贝儿,你在想什么呢?跟妈妈说说看!"

 温馨提示

孩子的思考能力培养,就是从父母三言两语的启迪开始。

6 "为什么要抽血?"

情景再现 体检的时候,有一个环节,大部分的孩子都会闻之色变,那就是抽血。

凳凳倒是从小胆大,碰到打针抽血也很坦然,平静得像个大孩子,还会在扎针之前提醒护士轻点扎。妈妈每次都给凳凳竖起大拇指。凳凳很自信,但是他并不知道为什么要抽血,他看到抽血弄得其他很多小朋友都哭闹不停,觉得他们怪可怜的,于是他忍不住问妈妈:"为什么要抽血呢?不抽行吗,你看那些小朋友多可怜啊!"

妈妈听完笑了。凳凳还挺有爱心的。

常见的回答 "抽血是为了看病,宝宝。"

专家分析

孩子对一切事物都很好奇。像凳凳这样的小孩比较少,大多数小孩害怕抽血,导致医生要费很大劲才能抽好血。有一些小孩是因为恐惧,不知道抽血是什么,担心自己受到伤害,因此对抽血充满了本能的恐惧。所以家长一定要做好解释工作。

消极的回答 "抽好后,我给你买玩具啊。"
"别闹了,赶紧抽,没工夫搭理你。"

合理的回答 "我们血液里有些小坏蛋,让叔叔帮我们检查一下好不好？"

举一反三

引导思考型——"宝贝儿，抽血是为了让医生看看身体里有没有细菌在搞破坏。如果抽血检查有细菌的话，就要想办法杀死细菌。你说抽血是不是很好呢？"

快乐承诺型——"宝贝儿，抽完血，医生检查一下，就知道身体里有没有细菌了。"

温情传递型——抱着孩子说："宝贝儿，抽血会有一点疼，有些人会害怕！不过，抽血可以让医生帮我们检查身体里有没有让我们不舒服的细菌。"

温馨提示

在抽血室经常会听到孩子的哭闹声，伴随的是家长紧张的安慰声，不少家长是随口就承诺买很多玩具礼品什么的。这些都是不合理的。对孩子的成长有百害无一益。

7 "输液后为什么要按住针口 3 分钟？"

情景再现 坛坛最近得了肺炎，还好，不算太严重，只需要每天到医院输液即可。

于是妈妈每天都带着坛坛往来于医院和家之间。每天都重复的一件事，就是排队、挂号、看病、拿药、输液。坛坛每天都会有不同的问题冒出来，而且她不肯放过任何一个小环节，总是要打破沙锅问到底。这不，听到护士拔针后，都要叮嘱一句：按住针口 3 分钟。坛坛又产生了新的疑问了："输液后为什么要按住针口 3 分钟？"

常见的回答 "护士告诉我们怎么做，咱就怎么做呗。"

十八　孩子对医院的提问

专家分析

当听到孩子不断提出的新问题时，家长应该感到高兴。这说明孩子在观察世界，自己也在不停地思考。

消极的回答　"不按住，就会流很多血啊！"
"这是医院规定的，必须按住3分钟。"

合理的回答　"嗯，你这个问题非常好。我们一起来寻找答案吧。咱们可以通过上网、看书、咨询医生等来获得答案，你还有其他办法吗？"

举一反三

引导思考型——"宝贝儿，不按住的话，手上会有青淤，就像没洗干净一样，还会有点疼。你要不要按住呢？"

快乐诱导型——"宝贝儿，你按住3分钟就可以回家了。你想不想回家呢？"

温情传递型——"宝贝儿，妈妈抱着你，你自己按住。你看，手上是不是还有棉签呢？这个要按住3分钟后才能丢掉，扔到垃圾桶里。我们耐心地等着，一会儿就好了。"

温馨提示

让孩子知道寻找答案的方式也是家长的责任。放权让孩子去做，同时告诉孩子正确的方法。

8 "为什么要量体温？"

情景再现　了了家里常备了几个温度计。了了身体略有变化时，妈妈总会拿出温度计放在了了的胳肢窝里面。冷冰冰的温度计虽不大，但是弄得胳

父母妙答：好孩子的怪问题

肢窝很难受。了了不喜欢这个东西。可是妈妈却在家里准备好几个，把它当作很好的东西。

当了了渐渐长大了，他终于忍不住了，问妈妈："干吗老量体温啊？我生病了吗？"

常见的回答 "量体温是为了看看你的身体有没有生病。"

专家分析

面对孩子的问题，家长总会觉得自己的知识不够多。好在家长有不断和孩子一起学习的机会。只要家长们愿意学习，不武断、不粗鲁，孩子长大后是会感谢家长的。

医生告诉我们，量体温是医生诊断病情的一个重要依据，因为正常人的体温是在37℃左右，如果超出很多的话，身体就可能会有感染存在，医生就要进一步检查，找出病因进行治疗。而有经验的妈妈，为了节约时间，提前知道孩子身体变化情况，也会自己去给孩子量体温，以便掌握孩子的健康状况。

如果孩子喝水不够多，妈妈可以让体温计告诉孩子，宝宝该喝水了。

消极的回答 "别废话，要你量你就量。"

"体温计是有点凉，量完给你奖励好吃的东西，给你买你喜欢的玩具。"

合理的回答 "身体正常的温度是37℃，如果太高了可是有危险的，来，让我们看看身体发生什么变化了！"

举一反三

引导思考型——"宝贝儿，你知道为什么要量体温吗？量体温对我们有什么好处吗？来，妈妈给你夹上，慢慢跟你讲！"

提供选择型——"宝贝儿，量体温只要五分钟，你想要妈妈给你量5分钟，还是要量10分钟呢？"

温情传递型——抱着孩子说："宝贝儿，你身体里发生了什么变化你知道吗？你不知道吧？妈妈也不知道。我们请体温计帮助我们看看吧！"

十八 孩子对医院的提问

温馨提示

体温是孩子健康状况的重要晴雨表。测体温时,要让孩子学会快乐的配合。遇到孩子不配合时,不要强行量体温,以免体温计断裂发生危险。

9 "咳嗽为什么不能吃糖?"

情景再现 孩子咳嗽,就是家长们的噩梦。这不,默默的妈妈半夜听到默默又咳嗽了。默默两腮也红了,体温升高了很多。妈妈急得赶紧将默默抱到医院去。

医生给默默看完病,开了药方,并再三叮嘱,默默一定不能吃甜食。特别是糖果和碳酸饮料。可糖果是默默的至爱呀,每天都要吃几颗呢。

到了家里,妈妈立刻禁止默默吃任何甜食,这可把默默委屈坏了。她伤心地哭了,在她幼小的心灵里想不明白:为什么不能吃糖呢?

常见的回答 "医生说了我们必须做到,否则就要给你打针了。"

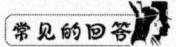

说吃糖会令孩子咳得更厉害是有道理的。咳嗽其实是人体的一种自我保护动作,呼吸道产生黏液将我们每日吸进体内的杂质黏住,然后绒毛细胞会将这些含有异物的黏液推上喉咙,并借咳嗽将其排出体外,此举是为避免那些异物进入肺部,影响呼吸。含糖质(即碳水化合物)的食物会让痰变得浓稠,令本来已受刺激的呼吸道更受刺激,以致使咳嗽更加严重。其实除了糖果等甜食外,平时进食的高淀粉质食物等都含有很高的碳水化合物,同样会影响咳嗽。因此咳嗽时除了要忌口外,更应尽早去找医生诊治。

消极的回答 "再吃糖你咳嗽就会更厉害了。到时候我就不管你了啊!"
"你吃糖就会死掉的!"

父母妙答：好孩子的怪问题

合理的回答 "糖会让咳嗽更厉害，也会让喉咙难受。妈妈也同意医生的话，不能吃糖。"

举一反三

引导思考型——"宝贝儿，你想不想不要咳嗽，赶快好起来能够吃糖呢？"
快乐承诺型——"宝贝儿，等你咳嗽好了，就可以吃糖了。"
温情传递型——"宝贝儿，妈妈知道你很想吃糖！妈妈小时候也很喜欢吃糖。可是现在我们在生病，吃糖就会让病加重。你想不想让病加重，去医院输液呢？"

温馨提示

吃糖果等甜食，不只是在咳嗽时要特别注意，其实平时也要解释糖果对身体的不利因素，让孩子少吃糖，不要等病了才想到要改掉坏习惯。

10 "发烧为什么要多喝水？"

情景再现 海绵宝宝最近发烧了，有时候体温烧到39℃以上。为了把烧退下去，只好不停地喂退烧药，但是吃药效果不好，药物对胃也有很强的副作用。医生建议多用物理退烧方法，比如用温水擦洗身体降温，最好的方式是多喝白开水，可以补充体内水分，同时帮助海绵宝宝提升自我免疫力。但是海绵宝宝平时就不怎么爱喝水，喝点水需要爸爸妈妈满屋子追着跑。他总是问："发烧为什么要多喝水？"

常见的回答 "你必须喝水，喝完病就好了！"

专家分析

病人感冒发烧会使体内水分流失。因为人体发烧时新陈代谢加速，排出的二氧化碳增多，呼吸加快导致体内水分丢失也加快。同时，发烧时，人体会自动调节体温,即靠皮肤排出大量水分以降低体温,从而使体内水分过多丢失。我们在生活中也能看到,有的感冒患者发烧时可能满头大汗、全身湿透。喝水虽是小事,但在人体缺水的情况下这件小事意义重大。多喝水不仅可以补充体内水分的丢失,还能促进病人身体散热、降温。另外,多喝水才能多排尿,促进体内的病毒、毒素以及代谢废物尽快排出,使身体内环境处于一种"干净"状态。还有,多喝水可补充身体所丢失的水分,使血液循环保持稳定,使体液代谢保持平衡,以利于病人尽快康复。

综上所述,医生叮嘱感冒发烧患者多喝水是有一定道理的。当然,如果感冒后体温不高,体内丢失水分不多,则喝水适量即可,否则喝水过多,远远超过体内丢失的水分,便会导致水分过剩,体内电解质不仅不平衡,反而会有害机体的健康。

消极的回答 "不喝水,我们可要灌了啊。"
"喝吧,爸爸带你去公园玩!"

合理的回答 "宝贝儿,现在你的身体渴了,赶紧给它补充一点水吧,你看爸爸也喝了一大杯水,我们来和爸爸比赛,看谁得第一。"

举一反三

引导思考型——"宝贝儿,你的身体很渴了,渴得就像干草着火了,你要不要用水去灭火呢?"

快乐承诺型——"宝贝儿,我们的身体需要很多水,刚才你上厕所了(或流眼泪了),现在要补充水分,身体才会健康哦!"

温情传递型——抱着孩子说:"宝贝儿,你现在很热是不是,这是因为你身体里温度太高了,要喝水才能把高温带走。来,宝贝儿,我们来赶走高温!"

温馨提示

发烧要多喝水,相信很多人都明白这个道理,问题是孩子不爱喝水怎么办?所以功夫依然在平时,要培养孩子爱喝水的习惯。幼儿园里一般都有一天喝8杯水的规矩,家里和幼儿园里不妨互动起来,一起营造一个爱喝水爱健康的氛围。